思想觀念的帶動者

文化現象的觀察者

本土經驗的整理者

生命故事的關懷者

心靈工坊 PsyGarden

SelfHelp

顛倒的夢想，窒息的心願，沉淪的夢想
為在暗夜進出的靈魂，守住窗前最後的一盞燭光
直到晨星在天邊發亮

搶救繭居族：家族治療實務指南

田村毅（Tamura Takeshi）著
林詠純、徐欣怡、曾育勤、黃瓊仙 合譯

【推薦序】

父親缺席以後的亞洲社會

王浩威　作家、心理治療師、華人心理治療研究發展基金會執行長

這些年來因為工作的關係，我參加了許多亞洲地區或國際性的會議，因此也認識了不少其他國家的諮商師或精神科醫師。日本的田村毅教授，就是其中一位。

第一次見面，應該是在二〇〇五年香港舉行的國際家庭治療會議吧，他當時就報告了日本的拒學問題。二〇一三年，他又做了同樣主題的報告，這次，關心這個問題的人更多了。在台上報告的他，最後問了大家：「為什麼拒絕上學的問題，在日本、韓國、台灣、香港、中國這些近期已經開發的東亞國家，變得越來越嚴重呢？」

以前，如果談到孩子沒去上學，通常是指他們跑到外面遊蕩，可能會學壞而出現偏差行為，最後甚至變成幫派少年。現在卻不同了。許多孩子想上學卻上不了學，他們也許是因為恐懼人際關係中的困難、有說不出的內在挫折、或是各種莫名的焦慮，而產生了對上學的矛盾情緒。這些沒去上學的現象，最近在國際學界間，普遍稱之為拒學行為（school refusal behavior）。

有些拒學行為可能會持續加重，甚至到了完全足不出戶或晝伏夜出的程度。日本將這樣的情形稱呼為「ひきこもり」（hikikomori），而且這個日本名詞已經被國際學界普遍使用，在台灣最普遍的翻譯是「繭居族」。有些西方學者則翻譯為「社會退縮症」（social withdrawal），指的也是同樣的情形。

這樣一個趨勢，從文化變遷的立場來看是十分值得探討的。二〇一三年的《東亞教育》[1]一書就指出：「在東亞，八〇年代以後，校園暴力、兒童心理問題、霸凌、拒絕上學等等問題，因為僵硬的教育體制與升學考試，變得十分嚴重，成為了社會的議題。」

齋藤環是日本另外一位關心這個議題的精神科醫師，他指出：「繭居族的問題原本只存在於日本，如今也存在於別的國家，特別是在都會地區，這也許和全球的社會文化快速變遷也有關係。」

問題有多嚴重呢？二〇一〇年，日本文部省公佈日本的繭居族共有七十萬人，平均年齡約三十歲，幾乎是佔了日本年輕人口的百分之一到二。

1. *Education in East Asia*, ed. By Pei-tseng Jenny Hsieh, 2013

回顧過去三十年，田村毅認為日本的繭居族特徵也不斷在改變。

「以前是以十幾歲的初中、高中生為主，最近的繭居族有高齡化趨勢，從二十歲世代至三十歲世代都有，其中也有不少四十歲世代的人。

「以前是將脾氣發洩在家人身上，對家人施以暴力。現在也有這樣的年輕人，但數量正在減少。將脾氣發洩在自己身上，做出割腕、大量服藥等自殘行為或自殺的年輕人則變多了。

「以前幾乎都是由母親來接受諮商輔導，最近前來諮商的父親也為數不少。」

台灣的教育單位對此並沒有太多的相關數字，目前的統計除了休學或沒有就學的數字，只能查到缺課的情形，無法從中區分是否達到拒學行為的程度。然而從各個領域的實務工作上來看，透過教職人員、社區社工、還有醫院工作人員所觀察到的，這樣的情形似乎越來越嚴重。

今年六月底，田村毅教授來台灣舉辦關於拒學症的工作坊，付費報名來參加的專業人員出乎意料地踴躍，而且都是年輕的實務工作者。這也反應出在第一線的接觸經驗中，拒學和繭居已經開始成為大家的挑戰了。

這些年來，拒學行為的問題不只是在韓國、日本、香港、台灣等地變得嚴重，在中國的都會地區，包括北京、上海、廣州、深圳等等，也都成為教育界和諮商界的重大議題。

這樣的情形當然不限於亞洲。齋藤環在其著作《社會退縮》[2]英文版的序中就提到：西班牙和義大利也開始面臨社會退縮症人口的問題。而這兩個國家，恰好都是西方各國中較傾向家庭性格的。

為什麼在強調家庭文化的國家經歷了經濟起飛以後，這樣的現象比較容易出現呢？關於這一點，恐怕只能留給社會學家或人類學家來思考了。

而田村毅認為，繭居族的出現，是因為父親角色在家庭中缺席的緣故。

這讓人想起華人人類學家許烺光的理論。許烺光認為，同樣是以家族為重的亞洲文化，華人社會在傳統的社群關係中，更是以父子鍵為最重要的環節。這是延續了費孝通對於傳統社會是差序格局的說法，做出更進一步的說明。

費孝通和許烺光，都是英國人類學家馬凌諾夫斯基的中國弟子。費孝通先提出這樣的看法，認為中國鄉土社會以宗法群體為本位，人與人之間的關係，是以親屬關係為主軸的網絡關係，這就是他所謂的差序格局。許烺光進一步比較，相對於個人主義的美國文化，在

2. *Social Withdrawal: Adolescence without End.* 2012, Sait , Tamaki, Trans. Jeffrey Angles.（日文版《社会的ひきこもり：終わらない思春期》發行於一九九八年。）

日本、印度和中國等文化之間又有怎樣的不同，而提出其中更細膩的差異。

在台灣也好，在中國經濟起飛的都會地區也好，傳統的宗族早已不再具有影響力，甚至可以說是不存在的。過去華人的社會裡，在所有關係中，父子鍵之所以是最重要的一環，是因為有宗族為底的社會結構。然而現在的台灣也好，北上廣也好，所有的社會結構都是以核心家庭為主體，跟過去已經不一樣了。

在這樣的情況下，整個社會卻還繼承著傳統的價值觀，對父親的角色還懷著一成不變的期待。然而，真正的事實是：失去宗族的結構以後，在核心家庭中的父親，其實找不到自己的位置，更找不到執行自身功能的方法。於是，大部分的父親都在小孩的成長過程中缺席了。

在現代以核心家庭為主的社會，母子鍵取代了傳統的父子鍵，成為孩子成長過程中最具決定性的因素，而母親角色所發揮的往往是家庭內的功能。這樣的功能，即使再怎樣努力，頂多只是將家庭面的功能延伸到家庭外的領域，孩子的成長也因此出現了不容易離開家庭的現象。拒學行為或繭居族，都是這種進不了社會的情形。這時候，父親的社會角色也就顯得特別不可或缺。

在這本由田村毅所著，二〇一四年於日本發行，今年（二〇一五）由心靈工坊推出中文版的新書《搶救繭居族：家族治療實務指南》裡，他從家族治療的實務工作中，給出許多提醒。其中，將父親的角色重新引入核心家庭之中，是關鍵的一步。而在許焜光的理論中，日本社會是以「家元」為基礎而非以「宗族」為基礎、以母子鍵為主而非以父子鍵為主。如果這樣的實踐在日本社會可以行得通，在華人社會中的實行當然更有說服力。

拒絕上學的行為只顯露了冰山一角，它代表著潛存在海洋底下、看不到的社會結構，已經發生了劇烈的變化。臨床工作者往往只是這社會中最前線的一環，因此也就最早接觸到相關的現象。然而，面對這樣的臨床現象，要如何調整單一個案背後的社會結構問題，並不是心理從業人員所能夠承擔的。

這樣的激烈變化，對各個領域都將帶來前所未有的衝擊；對每個領域的從業人員而言，都需要足夠的敏感度和創造力，才能推出具有實質意義的因應之道。而這或許也是包括台灣、中國，和其他的非西方國家在內，在經濟崛起以後，要繼續保持繁榮的關鍵因素吧。

田村毅第一次來台灣的時候，我去旅館找他，十分訝異地發現，他用空運把自己的腳踏車一起帶來了。熱愛四處走動的他，也樂於認識各種不同的文化，喜歡在這裡頭找到意想不到的差異。

這本剛出版的新書《搶救繭居族：家族治療實務指南》，就是他一直以高度好奇心來進行思考和實踐之下的產物。在現代社會中，心理或社會領域的工作者，往往要面對層出不窮的新挑戰。田村毅在本書中所展現的，不只是對於拒學行為和繭居族的處理方法，更是所有臨床工作者面對當前的時代，所應學習的實踐態度。

這本書的出版，要特別感謝我的好朋友程小姐和臺灣心理治療學會，有她和她家族的熱心贊助，才促成了本書中文版的發行。

在出版事業日益艱難的今天，任何專業題目的銷售量都相當有限，再好的書也不可能損益兩平。或許這本書只能賣個五百或一千本，但如果能因此幫上五百個小孩脫離繭居的困境，就等於是幫助了五百個家庭。這樣的價值，不是銷售量的數字所能夠反映的。

推薦語

精準、溫暖、平易近人的文字背後，是豐厚的專業底蘊與人文關懷！

——林麗純（家族治療師）

田村毅醫師是一個有趣的人，他接受過西方家族治療的嚴謹訓練、英文流利，又長期對日本社會文化懷有深刻的反思，所以能從跨文化角度，探討「繭居族」這個在亞洲社會特別嚴重的現象，加上他治療繭居者的豐富臨床經驗，使得這本書極具參考價值。他送我的日文版，我一直放在書架上，只恨自己不懂日文，現在有了中文版，終於可以拜讀，好高興。

——趙文滔（國立台北教育大學心理與諮商學系副教授）

有了這本書，可以讓家有繭居孩子的父母，像是吃了顆定心丸：原來和那個讓自己頭痛不已、難伺候的孩子相處，也有好方法可以依循。原來有人懂你的孩子，也懂你。田村毅醫師幫助過許多愛孩子的無助父母，方法就在書裡面，看完它，你會懂得該怎麼做，再度找回為人父母的自信。

——賴佩霞（魅麗雜誌發行人、作家）

繭居族在台灣已經悄悄成為助人工作者難以逃避的議題，田村毅教授這本書提供我們許多他與這些個案及家庭工作寶貴的觀察、技巧與經驗，是非常值得好好研讀的一本書！

——謝文宜（實踐大學家庭研究與兒童發展學系副教授）

contents

目錄

目錄

contents

Part 4　善用繭居族支援系統　185

contents

目　　錄

【前言】

何謂家族治療？

我的孩子長久以來都窩在家裡，不肯出門。不跟他交談的話，可以度過平靜的一天。但如果交談了，只要聊到「以後有何打算？」的話題，他就會變得焦躁不安。過去這幾年都沒跟他說過話。我該如何跟他相處才好？

我是一名精神科醫生，也非常推薦家族治療，接受過眾多繭居族家庭的諮商案件。

——孩子的問題困擾我很久了。期間我也嘗試過各種方法，但是都沒有效。我實在無法理解，為何孩子會成為繭居族。為人父母的我，真的不曉得如何做才好。因為無計可施，我放棄了——。

透過本書，我最想告訴各位的是，家人能做的事情很多，沒有必要放棄。我會提供各位讓家庭恢復活力、在親子關係中重拾自信的方法。家庭本來就擁有極大的能量，善用這股能量，抱持積極正面的態度與孩子交流，孩子也會變得積極進取，擺脫繭居族生活。

在過去三十年裡，我以精神科醫師的身分，接觸了許多繭居族及其家人。一開始還沒有「繭居族」這個名稱，由於患者多是十幾歲的孩子，常用的名稱為拒學、輟學、社交恐懼症等。當時，繭居族並沒有被列為精神醫療對象。繭居族與舊有的精神疾病概念，有著顯著的差異。我所隸屬的大學研究團隊搶先一步發現這個問題，歷經一再的嘗試及錯誤，走到了今天。

日本國內的年輕繭居族，約有七十萬人至一百萬人。回顧過去三十年，繭居族特徵也不斷地改變。以前是以十幾歲的國中生、高中生為主，最近的繭居族年齡層有高齡化趨勢，從二十幾歲至三十幾歲的都有，其中也有不少四十幾歲的人。以前的繭居族，多是將脾氣發洩在家人身上，對家人施以暴力，現在也有這樣的年輕人，但數量減少了；而將脾氣發洩在自己身上，做出割腕、大量服藥等自傷行為或自殺的年輕人變多了。以前幾乎都是母親來接受諮商輔導，最近前來諮商的父親也為數不少。

雖然產生了這些差異，但繭居族的基本特性是今昔皆同的。

繭居族會整天待在家裡，想起床才起床，想睡就去睡，只做自己想做的事。看在旁人眼裡，或許會覺得他們的生活自由隨性，但其實，他們的內心一點都不自由。他們失去了與人交往的自信，對於看不見的未來充滿不安，而且相當苦惱。

家人的狀態也一樣。周遭的人會指責，是雙親的教育方式或是與孩子的相處方式不當，才會導致這樣的局面，雙親也會自責或是彼此責怪。其實雙親是很傷心的，他們完全不知所措，也不曉得該如何與孩子相處。

結果，雙親喪失了與孩子相處的自信，孩子失去了與社會交流的自信，演變為雙重的自信心喪失。要怎麼做才能擺脫這樣的惡性循環？家人和孩子該如何重拾活力？為了找到答案，我在倫敦學了三年的家族治療。

世界各地都有繭居族的存在。不過，沒有一個國家像當今的日本一樣，繭居族人數如此眾多，已成為重大的社會問題。在韓國，繭居族也是年輕族群的社會問題，但人數不如日本這麼多。

社會風氣也是造成繭居族的因素之一。相較於歐美社會的個人主義，日本是個團體意識強烈的社會。無論在學校裡或出了社會，都得學會解讀氛圍、看對方的眼色行事，以求得自己的容身之處。日本人不喜歡只有自己與眾不同，由於特立獨行會惹人厭，必須懂得如何與周遭的氣氛融為一體。尤其是中上階層的家庭更重視教養，希望讓孩子接受良好的教育。這些想法，都會形成青春期的壓力，讓孩子心神不寧。

此外，日本也是親子羈絆相當深切的社會。在這一點上，日本的家庭美德可以說是其他國家所無法比擬的，但如果走錯一步，就會導致親子之間的依存感太強烈。為了掩蓋孩子的問題，雙親會立刻將責任攬到自己身上，使得孩子永遠都不懂要為自己的行為負責。即便孩子長大成人，雙親依然繼續照顧孩子，導致孩子繭居生活的長期化。相較於國外的家庭，日本的家庭通常具備了這樣的特徵。

我從英國歸國後，在大學任教，也繼續鑽研青春期精神科的臨床經驗及研究。我也成了三個孩子的父親。現在我的孩子們將迎接青春期，跟孩子相處的喜悅與難處，我完全能體會。守護孩子成長的父母心情，正是我的心情寫照。

三年前，我從執教十九年的大學教授生涯退休，目前在東京經營私人診所，專門治療繭居族。年輕時，因為渴望擁有大學教授的社會地位，才會至大學任教。大學教育是一項很有意義的工作，但是我發現，能夠與人心深入接觸的心理治療工作，才會讓我的特質及能力發揮至最高境界。於是我決定提早十年退休，從事最想做的工作。

日本的精神科醫療領域存在著許多問題。因為仔細聆聽患者心聲的診療時間不足，並不是採取交談治療（諮商）為主，而是以藥物治療為主。我在年輕時期也曾有過這樣的精神科醫療經驗，如今到了這個年紀，不想再這麼做。為了有充足的時間傾聽患者心聲，我毅然決然採取沒有健保的自費門診方式，誠心地面對每位患者，深入詢問與患者家庭有關的事。最近在都會區，自費門診的精神科診所數量已漸增加，但與美國相比，還落後很多。在日本，諮商治療的文化尚未深化。

說得更明白一些，就是精神科藥物無法治療繭居族症狀。繭居族支援輔導對於醫療的貢獻，便是能辨認出常與繭居族的特徵混淆、可能被忽視的思覺失調症或發展障礙等疾病，並且清楚地加以區分。可是，對於不屬於上述障礙或疾病的繭居族，既有的精神科藥物完全無效。反之，綜合了心理諮商、就職及就學等的社會支援、以及家庭支援的治療方法，才是真正的重點。

在過去十年中，社會對於繭居族有了更深入的了解，許多機構也展開了繭居族的支援工作。關於這個部分，我會於Part4詳細介紹，包括學校輔導、教育諮商等教育機構、醫院等醫療機構、保健所或精神保健福利中心等行政機關、NPO法人等民間機構等，若能善用這些支援資源，繭居族一定能夠重生。

不過，如果已尋求上述支援，卻仍然解決不了問題的個案，就會來到我的諮商室。因為繭居族本人拒絕與人來往，甚至也會拒絕接受支援，家人也可能不願意面對孩子的問題，因為覺得可恥而不想讓外人知道；基於這些想法，會讓繭居族本人及其家人，不願意到機構尋求協助。

透過本書，我會介紹家族治療的思考模式。在內文中，將「家族治療」及「家庭諮商」視為意思相同的用語。

家族治療是一種新的心理治療（諮商）技巧，自一九七〇年代開始，從美國開始推廣，但在日本尚未十分普及。在一般諮商中，諮商師面對的是一位個案，在家族治療中，則需要同時面對多位個案，這對諮商師而言屬於高難度技巧。而且對個案的家人而言，也會覺得家族治療的門檻比較高。「家族治療」給人的印象不是很好，明明是繭居族自己的個人問題，為何家人也得接受治療？難道是因為家庭有問題，所以需要治療家庭缺陷嗎？「家族治療」四個字容易讓人有這樣的誤解。

其實，意義正好相反。家族治療並不是要追究家人的責任，也不是為了治好家庭的問題。世界上沒有所謂的完美家庭。每個家庭都存在著各種大小不一的問題，家人配合人情事理、為了彌補缺失而生活著。家庭當然都會有問題，家族治療的目的並不是要去掉問題。家庭除了給人存在著各種問題的負面印象，同時也擁有克服難題的能力。這就是所謂的家庭復原力（**Resilience**）。家族治療的焦點不在於家庭的負面印象，而是要強化家庭所潛藏的正面恢復力，並協助家人憑自己的力量克服問題。

家庭療法的支援焦點不以個人為主，而是一百八十度的大轉彎，以人與人之間的關係為主。如果從認知行為治療、精神分析治療、個人中心治療等的既有諮商理論出發，其支援焦點當然是繭居族本人，治療者會從當事人是否潛藏了精神性疾病、思考程序是否偏頗、是否為過往的心理創傷所困、自信心及自立心是否培養完善等觀點來視察，純粹是以支援當事人為主。家族治療不會像這樣探索個人的內心世界，而是將焦點鎖定於關係，也就是人與人之間的交往方式。

人，無法離群索居。不論是喜是悲，都是人際關係的產物。繭居族就是處於喪失了與人交往的那股活力的狀態，他的家人也失去了與他和睦相處的活力。當家人能與當事人和睦相處，當事人就能重拾與社會眾人交際的活力。

親子關係尤其被視為重點。繭居族的發生，就是在從孩童成長為大人的青春期時，未能將孩提時代依賴家庭的心理狀態，順利轉換為自立自信的成人心理狀態。

家庭是有生命的個體，是由每位家族成員適時往來所形成的有機體。結婚後會有新成員誕生，接受父母養育，當孩子從嬰幼兒期朝著學齡期、青春期、青年期逐步成長而獨立，也就是一個家庭的成長歷程。如果家庭這個複雜結構的某個環節「僵住」了，無法順利運作，所有的家族成員都會遭受波及。家族治療的作法就是協助找出隱藏的「僵硬點」，將其搓揉變軟，讓家庭功能再度順利地運作。

人的一生中會有好幾種家庭經驗。孩提時代與雙親及手足一起生活的家庭（原生家庭）、結婚後扮演父母角色的家庭。也有人離婚後再婚，有人沒有結婚，也有不生育孩子的頂客族夫妻，現在的家庭類型相當多樣化。哪個好、哪個壞，並不是問題所在。總而言之，對每個人的人生而言，「家庭是非常重要的」這件事亙古不變。

美國的家族治療專家肯．哈迪（**Ken Hardy**）留下了這麼一句名言：「家是幸福的園地。」（**Home is an incubator for hope**）。對我們而言，家就是幸福的泉源。家賦予了我們生存的喜悅以及生存的意義。可是，不是只有這樣而已。家同時也是不幸的來源。家中若有無法解決的問題每個人都會相當苦惱，感到絕望。「希望」乃是對於將來感到肯定的預期心理。任何人都無法確實預測將來會如何，但總期待著在未來會有好事發生，這樣的期待，帶給我們繼續活下去的意願。一旦失去這樣的意願，就等於處於絕望的狀態。無法預測未來會有好事發生，就會喪失活下去的意願，心也會走向死亡。

藺居族的家庭看不到孩子的未來，因而喪失了希望。若追根究柢，家中仍存在著極為深厚的家庭之愛。所有的家庭在夫妻剛結婚時，以及後來孩子出生時，都抱持著極大的幸福感及希望，可是，為何最後會失去這份喜悅呢？因為父母都希望自己的孩子幸福，孩子幸福，父母就會感到幸福；而當這些期待無法達成時，就會讓人陷入極大的苦惱中。如果一開始沒有期待，就不會有煩惱。

沒有家庭之愛，就不必為家人煩惱。其實這就是隱藏在最深處、可以解決問題的那條線索。我們要慎重對待為家人著想，而深陷苦惱的父母心情。這項工作會伴隨著莫大的痛苦，一個人去完成當然會筋疲力盡而累倒，家族治療就是大家一起執行這份工作，並且小心翼翼地解開繩索。

在希臘神話裡，潘朵拉盒子是絕對不能打開的珠寶盒。一旦打開這個珠寶盒，疾病、竊盜、嫉妒、憎恨等所有的惡都會跑出來。然而，當所有不好的東西都跑出來以後，藏在最底下的「希望」就會出現。

一旦長期看不見希望，想要把它從最底層取出並不容易。唯有面對家人、面對自己，才能徹底回顧過去發生的點點滴滴。因此，絕對需要勇氣及信任。

家族治療首先要做的事情就是，讓家人與諮商師之間建立起深厚的信賴關係。與人相處會有負擔，但同時也存在著喜悅。在諮商過程中，慢慢打開家庭這個盒子，將塞在盒子裡的不安及煩惱全部趕出去，引導出藏在最裡面的希望。當家人再度發現彼此聯繫交流的那份喜悅時，就能夠與孩子和睦相處。然後，孩子也能再次找到與人交往的喜悅。

以下說明本書的閱讀方法。

本書以回答繭居族家人問題的形式，讓大家認識繭居族，並說明孩子與雙親的相處方式。有的地方會改變底色，插入專欄單元，在問題的部分，會有簡潔的要點解說。我也盡量使用比喻的方式，讓大家更容易理解。

在序章，將以繭居族「太郎同學」的五次家庭諮商為例，讓大家了解家庭諮商是如何開始、會經歷哪些情況、以及如何解決問題，讓大家抓住其中的要點。

Part 1針對孩子心靈成長的狀況予以概要說明，讓大家瞭解繭居族的成因。孩子在兒童時期的心理有什麼樣的特徵？到了青春期，孩子的心理會如何轉換為成人心理？並說明如果心理狀態無法順利轉換，會讓孩子成為繭居族的原因。

Part 2將從「家庭僵硬點」（心結）的觀點來說明家庭會失去活力的原因。雖然每位家庭成員都沒有錯，可是一旦某個環節出了問題，影響所及將波及整個家庭。在此單元會說明情況。

Part 3會具體說明讓家庭恢復活力的方法。讓大家瞭解家庭的力量是什麼，以及家庭力量明明非常強大，卻消失不見的原因。

Part 4將概要說明繭居族的支援管道。現在的社會準備了哪些援助資源，有何特色，以及妥善利用的竅門為何。尤其會針對家庭諮商的思考模式及具體作法加以說明。同時也會提及近年來繭居族年齡層高齡化的現象。

Part 5的焦點放在父親的力量。父親握有解決繭居問題的關鍵之鑰。青春期是母親世界轉換為父親世界的時期，但日本家庭從來不懂如何善用父親所擁有的這份力量。這是我深入研究的中心主題，我是一名父親，也為人夫、為人子，我依循著這些經驗，探尋活化父親力量的方法。

不管從哪個部分開始閱讀本書，都能馬上進入情況。想瞭解具體對策的人，請從Part4開始閱讀。想從根本瞭解繭居族的人，建議從Part1開始依序閱讀。

此外，關於本書中列舉的所有問題及範例，乃是將我常碰到的臨床案例加以組合，再重新撰寫，所以在此聲明，並沒有觸及到特定對象的隱私。

序章

繭居族不是病！

▽事情的經過

太郎是位國中生，國一時並沒有出現任何異狀，過著平凡的學生生活。可是，升上國二後，他的身體出了狀況。假日的時候正常，但一到週一，他就會情緒低落，早上還因為貧血而起不來；他經常請假，就算待在家裡也是無精打采。這樣的情況持續了大約半年，父母只好帶他到附近的醫院看病。

做了各項檢查後，卻沒有發現任何異常。醫生說，或許是精神方面的問題，建議他們到身心科或精神科接受檢查。

田村醫師講評　該找誰諮商？

雖說繭居族需要諮商輔導，卻有許多人不知道該去哪裡求助。社會上有各種諮商機構，不同的機構具備了哪些功能？如何利用會比較有幫助？將於本書Part4說明。

本範例的主角太郎的情況，被推斷原因可能出於「身體不適」，於是父母帶他去內科、小兒科接受檢查，但卻未發現有任何異常，「貧血」也不是原因。既然問題不在於身體，醫師推測可能是心理層面的問題，便建議他到身心科或精神科檢查。

・身心科與精神科的差異

「身心科」是治療心理因素所引發之身體異常的身心症專科。「身心症」是心理因素導致身體不適的疾病總稱，譬如原因不明的頭痛、腹痛、發燒、無力感、疲倦感、皮膚異常等等皆是。

精神科是治療憂鬱症、思覺失調症（舊稱精神分裂症）等精神疾病的專科。日本社會對精神科有強烈的偏見，所以常用身心科這個名詞，然而其實兩者並無太大差異，本範例主角太郎找這兩科治療皆可。

後來，太郎去了精神科接受檢查。精神科醫師說：「我懷疑是思覺失調症，讓他服藥治療吧。」太郎大約服藥一個多月，可是情況沒有好轉。或許是因為沒有好轉，也或許是服藥的關係，他整個人變得精神恍惚。

醫生的診察時間也很短，每次五分鐘就結束了。因為太郎說不想再看醫生，便停止治療。

田村醫師講評　繭居族不是病

繭居族是心理層面有問題，但不能算是心理疾病。

我認為繭居族是青春期、青年期心理發育不完全所致。所以，繭居族並不是生病了，也不必以藥物治療。不過，其中也有人是隱藏性的思覺失調症或廣泛性發展障礙（Prevasive Development Disorder，簡稱PDD）。如果是患了這些疾病，服藥等的醫院治療非常重要。不過，是否罹患疾病不易判斷，需要尋求專家意見。

然而，多數繭居族並沒有生病，這導致繭居族相關的醫療途徑受到了侷限。在醫療領域中，治病是主要目的，所以對沒有罹患疾病的人便束手無策。醫生能做的事，就是正確診斷疾病名稱並予以治療，最後常常就是開立藥物處方。

從精神科等醫生的視角出發，就是要判斷是否罹病。就像太郎的例子，因為狀況不尋常，於是判定他生病了。醫生無法理解這種不算正常，但也沒有生病，只是心理成長不完全的概念。既然已經出現異狀，就會懷疑當事人罹患某種疾病。

醫生的使命，就是早期發現、早期治療。如果繭居的情況找了堅持這種觀點的醫生看病，一定會被勉強冠上某個病名，開立無效的藥物處方。

學校老師建議太郎，向地區的教育中心尋求協助。雖然對方花很長的時間耐心傾聽，卻沒有給太郎任何建議。

田村醫師講評　諮商時，當事人的熱情很重要

諮商時，如果當事人懷著希望情況好轉、問題能夠得到解決的強烈動機，諮商就能發揮威力。通常，諮商師不會給予「這樣做比較好」的明確答案或建議。諮商師會透過諮商的過程，深入探究當事人的內心世界。於是，埋藏在內心深處的部分就會被攤開，察覺到以前從未見過的蛛絲馬跡。不過，過程中會伴隨著心痛。為了深入內心，絕對需要當事人有著想讓自己變好、想改變自我的強烈動機，而且必須歷經數次的諮商。

與老練的諮商師交談時，不會直接談到解決問題的對策，但是會觸動當事人的心。諮商一、兩次就能解決問題的案例，相當罕見。所以，建立起「不期待問題能立刻解決，而是

不放棄、耐心地繼續接受諮商」這樣的心態非常重要。

多數的繭居族不會主動接受諮商。即使家人或身邊的人因為擔心，勸他找諮商師輔導，通常都會頑固地拒絕。所以，要解決繭居族問題，從家庭諮商開始是最有效的方法。

▽第一次諮商

有人向太郎母親介紹了田村毅研究室，於是便預約了看診時間。但太郎本人說他再也不想看醫生了。沒辦法，媽媽只好自己一個人前往。

田村醫師講評　家族治療的觀點認為，就算當事人不在場，諮商也有效果。

一般的個人諮商，是以當事人為諮商主角。如果來者是母親，便假設是母親心裡有煩惱，對母親進行諮商。當然每個人心裡或多或少都有煩惱。不過，在家族治療觀點下，此時對母親的諮商就會定位為間接治療。

醫院等醫療機構認為，如果當事人沒有出面，而是家人前去接受諮商的話，就無法發揮治療效果。因為他們一開始就認定，當事人的生理或心理生病了。

關於這一點，家族治療的觀點卻認為，即使當事人不在場，只有家人前來諮商，也能發揮治療效果。因為「家族治療」是新的療法，超越了認定當事人內心有問題的心理學傳統觀念，它會找出人與人之間所存在的內心疙瘩，予以妥善的調整並解決問題。

即使當事人不在場，只要持續與其家人面談，當雙親的想法改變了，當事人也會有所改變。

*媽媽的話

「忘了是聽誰說的，『孩子的問題是父母的責任』，我便覺得問題出在我的教育方式、相處模式，而變得越來越沒信心。田村醫師很有耐心地傾聽我訴說事情的經過，他告訴我『問題不在妳身上』，讓我覺得很安心。」

田村醫師講評　最重要就是讓家人恢復自信

許多家裡有繭居族孩子的父母，最後會對教養工作失去信心，甚至不曉得該如何與孩子相處。導致這般狀況的原因之一，在於世人總是說：「繭居族孩子的問題，是出在雙親的相處方式及教育模式上。」

然而家族治療的觀點並不這麼認為。家族治療常被誤解為是在治療家人，也就是說家庭有問題，其實正好相反。

父母如何與繭居族的孩子相處，正是幫助孩子走出繭居的最大關鍵。

世上沒有所謂的一百分父母。不論哪一對父母，親子之間的關係本來就存在著好與壞兩面。沒有一百分的父母，當然也沒有零分的父母。任何一對父母都同時擁有優點及缺點，世上並沒有毫無優點的父母。

孩子就在這樣的情況下成長、獨立。就算有人認為自己是差勁的父母，還是有優點在。我的職責就是挖掘出這些優點。

可是，一旦雙親喪失信心、不知如何與孩子相處，和孩子在一起時就會產生恐懼，連身為父母必備的輔導能力及領導力，也跟著消失。恢復這些能力是非常重要的環節。想要讓孩子重拾身為社會人的自信，首先要讓父母重拾與孩子相處的自信。

*媽媽的話

「與田村醫師交談後，讓我發現以前從未察覺到的事情，整個人恍然大悟。醫生希望下次外子能同行。但外子工作忙碌，很難抽出時間。而且，我認為外子根本不了解兒子。」

田村醫師講評　父親是解決繭居族問題的關鍵人物

多數的日本家庭，是母親與小孩關係密切，父親與小孩的關係卻非常疏離。孩子還小時，這樣的關係並不會造成影響。問題不會檯面化，孩子也能平安成長。可是到了青春期，問題就來了。嬰幼兒時期的孩子停留在「自己的世界」裡，到了青春期則轉移為「外面的世界」。這個時候，身為第二個親人的父親扮演著相當重要的角色。青春期就是父親出場的時候了。雙親同心協力地與孩子相處非常重要，照理說來本該如此，但實際執行時，卻比想像中困難。因為從孩子出生後至青春期，在長達十年時間裡，父親與母親的角色分配早已定型。那麼，該如何讓父親扮演好他的角色呢？這部分將於後文說明。

▽第二次諮商

＊媽媽的話

「與外子談過以後，很意外地他竟然答應抽出時間陪同面談。仔細想想，一味逃避現實的不只是兒子，我和外子或許也抱著相同的心態。我們夫妻倆感情好，可是一談到孩子的事，總是意見不合，遇到事情與其找外子商量，我自己去解決還比較快。

外子好像能了解醫師所說的，後來也會主動找孩子說話。太郎也因為父親態度的突然轉變，雖然剛開始很困惑，但現在已經可以跟爸爸聊關於體育或遊戲方面的話題。」

田村醫師講評　拿出手術刀，調整家人的關係及角色功能

事實上，有不少家庭都是夫妻感情不錯，但一聊到孩子的事就會出現摩擦。大家總以為出現摩擦就是夫妻感情不睦，其實並非如此。

母親與父親對待孩子的方式不需要一致。譬如，嚴父慈母的關係也可以。可是，當孩子遇到困難時，父母很難意見一致。母親為了解決問題，會變得更溫柔、更寵孩子，父親則是堅持嚴厲的態度，甚至對孩子施暴。因此，雙親才會互相批評彼此對待孩子的方式，無法妥協。

「嚴厲」也好，「慈藹」也好，對孩子而言兩種態度都是必需的。該如何做才不會太極端、能夠取得平衡，父母之間要經常溝通。雙親一定要充分了解，為何彼此會採取不同的態度。

＊媽媽的話

「面談時，田村醫師致電給學校的輔導老師。醫師和學校老師能彼此溝通，讓我覺得很放心。」

田村醫師講評　善用社會資源來解決問題

關於繭居族的支援活動，絕對需要學校等社會資源來協助。可是，現實情況不如想像中順利，因為彼此的想法不一致。學校老師希望學生能早日重回校園，而醫療機構會為了治療，希望當事人暫時休息。教育與醫療的立場不同，看待問題的觀點當然有所差異。於是，雙方不認同彼此的想法，互相批評，導致合作體制無從發揮。家庭也會因為學校、諮商師、醫療機構各持己見而不知所措。如果這些機構能建立互信關係，家人和當事人也會放心，願意接受援助。如此便能獲得當事人的理解，在尊重其隱私的條件下，加深彼此的合作關係。

▽第三次諮商

＊媽媽的話

「我和外子帶著太郎接受面談。原本心想，如果他能說出許多不肯對雙親說的話，那就太好了，結果才進去診療室沒多久，就走出來了。很擔心他是不是沒有說出真心話。」

田村醫師講評　必須督促當事人參與面談

藺居族當事人一開始就參與諮商的例子很罕見。通常都是父母先來面談數次後，當事人才會加入。

國、高中生年齡層的青少年，本來就不太會向他人傾訴心聲，男孩子更是如此。所以不必心急，如果當事人沒有意願面談，不需要花太長的時間諮商。

不過，就算當事人不願發言，肯來面談這件事就已經產生了意義。表示封閉內心、不肯與社會交流的當事人已經跨出一大步，願意與代表社會的面談機構交流。也可以說，藺居族的問題解決了一半。

▽第四次諮商

＊媽媽的話

「太郎說：『再也不想去那種地方。』他似乎不滿意上一次面談時，爸爸對醫生說的話。不過，醫生說最好力勸太郎接受諮商，所以我一直說服他，他只好心不甘情不願地來了。現在回想，也因為這樣的機緣，將他和學校的距離更拉近了一點。」

田村醫師講評　要讓孩子有所改變，父母對待的方式很重要

終於看到孩子有改變的徵兆。這時候雙親該如何與孩子相處才好，確實是道難題。父母不能勉強孩子，尊重孩子的意志是基本道理。但是也不能太軟弱，重點就是雙親要明示規矩，讓孩子有所遵循。清楚告知孩子該做的事，孩子就能成長且獨立。

雙親可能會一直搖擺不定，不曉得該對孩子嚴厲到什麼程度，其中的拿捏確實很難。孩子也一樣，他很清楚地知道自己不能再這樣下去，可是不曉得該怎麼做才好，就在這兩種情緒中遊走，無法自己做出判斷。當雙親重拾信心，知道如何與孩子相處後，孩子自然就能做出判斷。

▽第五次諮商

*媽媽的話

「太郎慢慢在改變了。之前不是沉默寡言，就是一味反抗，現在已經聽得進父母的話了。

學校老師告知，想來做家庭訪問，但太郎不是很願意。跟田村醫師商量後，醫師請學校

老師不要來家裡，約好在田村研究室見面。太郎其實想上學，可是心裡又覺得不安，就在這兩種情緒中搖擺不定。和學校老師面談後，決定剛開始不是去教室上課，而是讓太郎待在保健室裡。」

田村醫師講評　讓孩子階段性地回歸社會

要配合太郎的恢復狀況，讓他逐漸重返學校。突然就讓太郎回教室上課，門檻太高，所以利用氣氛介於家庭與學校之間、能令太郎安心的輔導室等地方，讓太郎階段性地重返校園。繭居的時間愈長，就要安排愈長的時間，讓孩子階段性地回歸社會。

▽後來的情況

＊媽媽的話

「到了寒假，太郎終於邀請朋友來家裡玩。以前他不常這麼做。今年過年的家庭聚會時，聊天氣氛是前所未有的好。新學期開始時，太郎乖乖地去上學了，之前的事就像從未發生過。他有時候會覺得身體不適，就去保健室休息一下，然後再回教室上課。」

田村醫師講評　孩子不是生病，而是青春期的成長問題

太郎在短時間內就成長為真正的成人，憑著自己的力量重返校園。當時擔心不已的母親也恢復活力，與太郎的關係更加親密。全家人總算平安度過一場風暴。

太郎並不是生病了，而是遇到了從孩童轉型為大人時常見的青春期挫折感。

不過，實際上並非所有案例都像太郎如此幸運，能在短時間內順利改變。一般而言，當事人年紀愈大或繭居期愈長，恢復難度愈高。這種情況下，必須再重新設定繭居族支援目標，這部分將於本書Part4具體說明。

Part 1

孩子為何會變成繭居族？

何謂繭居族？

Q 我的孩子不想上學。他原本每天都會興高采烈上學去，卻因為在學校遇到小小的人際問題，變得不想上學。

大約有兩週的時間我保持沉默，完全隨他的意。可是，他卻變得晚上睡不著，直到黎明時分才就寢。早上起不來，讓我好擔心，跟他說話，竟然語氣粗暴地回我一句：「囉嗦。」再這樣下去，他會不會變成所謂的繭居族？

A 首先針對「繭居族」症狀加以說明。

根據厚生勞動省於平成二十二年（二〇一〇）提出的標準，繭居族徵兆如下：

1. 與社會疏離，也就是不願意跟學校、職場等家人以外的人來往。
2. 基於上述心態，最後變得整天窩在家裡。就算出門，也只是去便利商店或超市，交際範圍狹隘。

3. 這樣的情況持續很長的一段時間。

根據厚生勞動省的標準，上述情況大約持續半年，就可以稱為「繭居族」。對照這個標準，兩週的時間還不能斷定您的孩子是繭居族。青春期本來就是煩惱多的時期。因人際關係不佳而失去自信，想暫時逃離人群，都是常有的事。這些現象只能說是青春期特徵，未必有問題。兩週的時間內，家人置之不理，沒有採取行動也無妨。等時間到了，孩子會自己整理好心情，重返校園。

可是，如果超過三週情況仍未見改善的話，就不能再視而不見，最好擬定對策，幫孩子度過難關。

繭居是因為任性、依賴、懶惰嗎？

Q 繭居族的孩子是否只是在耍任性而已？假裝生病，是否只是想偷個懶，向父母撒撒嬌呢？像是念書等辛苦的事情，他都做不好，但如果是跟朋友玩等自己喜歡的事情，就會做得很好。

A 繭居族並非是懶惰、任性、想撒嬌。

請想想「懶惰」的定義。你自己會在什麼時候「偷懶」呢？覺得不如意、失去幹勁時，或是有其他想做的事情時，就會想偷懶一下吧？或是工作辛苦，也會想假裝在工作而偷個閒。懶惰的人不會覺得痛苦，也沒有煩惱。反而是為了要偷懶，才需要膽量及勇氣。

其實我在學生時代也曾翹過課，當大學教授時也常缺席教授會。因為不想做那些事，因為想讓自己快樂，所以就翹課缺席了，儘管會有些許不安，但是心裡卻不會擔心是否這樣就會被徹銷職務或對職務有所影響，根本不會苦惱是否要翹課或缺席。

絲毫不擔心害怕就翹課的話，叫作「怠學」。繭居族不上學或不上班的情況，跟怠學不一樣。其實心裡很想去，也知道非去不可，但是卻去不了。而且為了去不了這件事相當苦惱。

繭居族會將時間耗在網路或電玩上。然而，他們並不是因為網路或電玩有趣而沉醉其中。乍看之下，他們似乎樂在其中，但對於自己整天掛在網路上，他們心裡其實深感罪惡。為了消磨無法上學或上班的空閒時間，也為了麻痺痛苦的心情，只好沉迷網路。

那麼，「任性」的定義又是如何呢？只要是年幼的孩子都是任性的。「任性」就是活在自我中心的狀態下，也就是待在自己認同的世界裡，監護人無論如何都會保證他的安全。人在幼兒時期，一定是任性的。在孩子歷經青春期，轉型為大人的過程中，就要學會如何因應狀況，妥善控制自己的任性。如果已經是成人，還無法從任性的世界中走出來的話，就會得到負面批評；可是，在既像小孩又像大人的青春期，適度任性則是理所當然。

「撒嬌」就是依賴他人。捨棄自我能力，想依靠其他人的力量，人在孩提時代，有這樣的心態理所當然，期望自己所依靠的他人能夠滿足自己的需求。即使長大自立後，也仍會出現這樣的心態。任何人都無法離群索居，向他人尋求援助就是所謂的依賴（撒嬌）。想向別人撒嬌，是自然的心理狀態。

因《「依存」的心理結構》一書而聲名大噪的精神科醫師土居健郎認為，相較於追求自主獨立的歐美個人主義，「依存心理」正是日本文化特有的相互依賴關係。幼時發揮依存心，盡情依賴他人的行為是被許可的，可是變成大人後，就不再允許依賴別人。然而，在人們不易變成熟的現代社會裡，不因年齡限制而視情況適度依賴他人，乃是重要的人際關係元素。

青春期正是離開雙親庇護，自立心理開始萌芽的時期，會跟家人以外的朋友或情人等第三人建立親密關係，並且適度地彼此依賴。可是，年輕繭居族的這層關係明顯失衡。面對雙親，他們依舊像幼兒那樣過度依賴，但無法對家人以外的第三人敞開心房，建立信任關係。總而言之，依賴他人的行為並非壞事，但能否視對象或場合適當地依賴他人，才是最重要的。

繭居行為為何好發於青春期？

Q 我的孩子正處於青春期，身為父母的我實在不曉得該如何跟孩子相處。之前親子關係並沒有任何問題，但是最近第一次跟孩子吵了架。為何繭居族會好發於青春期呢？

A 孩子會在十歲至十二、三歲時，進入所謂的青春期。一開始因為性荷爾蒙的作用，男孩和女孩的生理都會有所變化，接下來就是心理變化。通常男孩會比女孩提早出現心理變化的徵兆。

在回答問題之前，我先針對青春期的心理變化加以說明。青春期正是生理及心理由孩童轉型為成人的時期，兒童心理與成人心理有著莫大差異，關於這一點，將以「全能自我」及「社會自我」的概念說明。

・兒童心理（全能的自我）

從嬰幼兒時期進入青春期之前，也就是在十歲以前，每個人都停留在家庭、托兒所、幼稚園、小學等的「自我世界」中，接受雙親或教師等的守護。

基本上，幼童是毫無能力的個體，不具備抗敵的自我保護能力。沒有監護人的守護等於沒有自我，因此需要能夠接受自己、給予自己愛及保護的人。

通常，父母就是孩子的依賴對象，褓母或學校老師也扮演著這樣的角色。幼童將自己的人及心完全交給信賴的人，而且緊黏著信賴的人。監護人會接受幼童的要求並滿足其需求，不論孩子做出什麼事都不會拋棄他，而是一直守護在旁，讓孩子有安全感。

當這樣的基本安全感及信任關係成立後，孩子會認為能誕生在世上真是美好，自我獲得了肯定，身邊都是好人，而覺得自己生活在一個安全的世界；因為身旁的人無條件地包容自己，而擁有安全感。

監護人會全心全意地照顧自己，如果自己做不好，監護人還會替自己負責。待在如此安全的世界，孩子就能「百分百做自己」。這是一種絕對的自我肯定感，也就是監護人賜予的自我全能感。青春期以後，這份感覺就會成為從他人肯定轉型為自我肯定的根基。孩提時代的肯定感是別人所賜予，獨立自主的成人則是憑著自我能力而自我肯定。

在孩提時代能獲得監護人的認同與滿滿的愛，就會有充分的自我全能感，有了這份感覺，就能夠安心離開監護人的羽翼，走出自我世界，找到自己的容身之處。

可是，若孩子未獲得十足的認同感，即使過了青春期，仍會繼續向他人尋求依賴。就算已經擁有獨立完成工作的能力，他也不認為自己具備這個能力。所以才會一直尋找依賴對象，無法獨立。

・成人心理（社會自我）

從兒童心理轉型為成人心理，需要滿長的一段時間。孩子會在轉換的過程中逐漸成長，過程中有進步也會退步，不會一下子長大。孩子通常會自然成長，所以就算不懂其中的過程也沒關係。可是，繭居族卻無法順利轉型。

兒童住在小小的「自我世界」裡，一個由監護人為自己建立的安全世界，並給予肯定，自己則被動地接受眷顧。獨立自主的成人從自己身上獲得自我肯定（自信），他們生活在由許多不一樣的他人所形成的「外在世界」，主動培養自我生存能力及建立生存的意義。

想成為社會的一份子，必須具備社會性能力（即社會自我）。社會性能力就是生理能力（健康、體力）、智慧能力、生活能力（財力、食衣住行等日常生活能力）與心理能力的總稱。必須透過漫長的青春期，慢慢累積這些能力，以至於一個人能多少具備這些面向的能力水準。

心理層面的社會性，就是所謂的成人心理，須具備以下項目：

- **於內心建立自發性動機**：從雙親身上獲得的活力，轉換為自我活力的過程。
- **與外人的關係**：看重自己，並能與外人協調的能力。
- **自我責任**：就算遇到挫折，也不會將責任推給家人或身邊的人，而有自我負責的覺悟。
- **告別自我全能感**：捨棄百分之百的自我心態，接受六〇％～七〇％的自我。
- **確保容身之處**：離開家庭所給予的安全窩，開始獨立生活，憑自我能力在外在世界找到自己的容身之處。

不過，社會性能力並非絕對地好，自我全能感也不是壞事。無論是多麼優秀的成人，多少仍保有赤子之心（自我全能感），也有小小孩天生就具備讓人嘖嘖稱奇的堅強一面（社會性能力）。關鍵在於，在內心裡這兩者所佔的比例。

在青春期之前的孩提時代，社會性能力比例低、自我全能感高，這並不會構成問題，可是到了迎接青春期的十幾二十歲，必須懂得如何跟他人協調，憑藉自我意志來行動、求學或工作，別人對自己的要求也會越來越高，許多時候，都必須透過社會性能力來因應眼前的狀況。

如果無法因應年紀，充分培養社會性能力的話，就會無法回應來自周遭的要求。這種現象稱為「青春期退行現象」（回到嬰兒期）。一旦無法跟別人協調，想維持人際關係就會變得困難重重，進而遠離校園或職場的人際圈，整天窩在家裡足不出戶。

總而言之，繭居族即使已屆可以被當作成人看待的年紀，還是無法養成足夠的社會性能力，無法憑自我意志處理事務。他們面對像家人那樣心理距離近、深諳自己習性的自我世界的人，不是一味依賴，就是予以反抗；面對外在世界的人，卻不知道該如何彼此協調及配合，不懂該如何維持適當的心理距離。

繭居族跟自己人以外的人相處時，會極度不安，遇到挫折時不會自攬責任，而是將責任推諉給雙親或身邊的人。對於學校或職場等本來自己該歸屬的容身之處，他們無法認同，也不覺得是舒適安全的生存場所。他們不曉得如何在外在世界生存，把自己弄得遍體鱗傷，只好繼續停留在自我世界，無法走進外在世界。

青春期的退行現象

Q 就讀高中的兒子經常心神不寧，讓我非常擔心。他雖然表現出想用功讀書的態度，但是只能堅持一下子，接下來就是一臉沮喪，一點鬥志也沒有，這樣的情況一再上演。

他每天坐在電腦前，沉迷於電玩，我勸他別再玩，想跟他談談未來的人生計畫，他就把自己鎖在房間裡，大聲哭喊。平常交談時，我不覺得他有任何異常，在別人面前他也表現正常，可是卻會對他媽媽說「想死」，還拿頭撞牆。或許是因為我們身為雙親逼得太急，才會這樣。

我有工作，待在公司還可以喘口氣，可是內人整天面對孩子，根本無從休息，再這樣下去，我很擔心她會撐不住。

A 關於這裡的「雙親逼得太急」，我認為是父母對於孩子期許過高。原本個性軟弱內向的孩子，為了達到雙親期望而努力，最後卻希望落空。這樣恐怕無法培育孩子的自信心（自我能力感），結果就是他提不起勁來讀書。

當課業越來越難，被要求的標準越來越高，孩子更需要具備社會性能力。然而，如果孩子這方面的能力不足，就只能以孩提時期的自我全能感來應付各種問題，最後變成把自己鎖在房裡，不願意與他人往來；或是作勢要對父母施暴，大聲哭叫，暴躁不安，變得非常依賴父母，甚至對父母說「想死」或撞牆，要求父母滿足他的需求。

當孩子在外面不會出現上述行為，只在有家裡才會表現出上述異常行為的話，就可以斷定是青春期退行現象。還有，雖然對母親粗暴無禮，甚至說出「想死」，但在父親面前卻是乖小孩模樣的話，這表示孩子是以童心與感情親密的母親相處，在心靈疏離的父親面前卻能壓抑孩子脾氣，表現出某種程度的社會性能力。

如果孩子沒有生病，心靈通常會自然成長，最終能培育出適當的社會性能力，也懂得如何鼓勵自己。可是，一旦升學考試不順利，遠遠落後於不斷朝前邁進、同樣處於青春期的同儕的話，就會喪失自信，心靈也會停止成長。

話題再回到問題點。母親每天為了滿足孩子的需求，也承受著莫大壓力。想避免壓力上身，最好跟孩子保持些許距離，不要太親近。最好的作法是讓孩子了解，每個人都擁有成人及孩童的兩個自我，並協助孩子培養社會性能力。想達到目的，雙親必須先安定自己的情緒，與孩子保持適當距離，在一旁協助他。

鬥志（父母引擎、孩子引擎）的轉換

Q 小犬（A同學）考上了知名大學，現在卻沒上學，而是休學中。高中畢業前他一直是相當優秀的學生，上了大學開始一個人住。剛開始很認真念書，但不曉得為什麼，整個人突然變得很奇怪。雖然想鑽研學問，卻無法定下心來讀書，每天晚上都要上網玩遊戲，而且熬夜玩到天亮。

所以我決定讓他休學，並帶回家裡。然而在家裡也一樣，只是一直坐在電腦前，除了玩電腦，其他時候都無精打采，根本是在混日子。說他幾句就暴跳如雷，最近還出現暴力傾向。

我很擔心小犬是不是得了心理疾病。

A 這是我親自面談過的案例。這個年紀的孩子幾乎都不喜歡參加諮商，很慶幸A同學自己也想變好，很認真地按照時間來找我面談。經過診查，我斷定A同學沒有心理疾病。他是一名聰穎優秀的青年。

A同學本來就擁有性能好的引擎（能力），只是缺乏如何善用引擎（能力）的自信。他的動力來源似乎一直來自雙親的引擎。他能夠考上一流大學，也是雙親為他打造的實力，並非出自本人的自信。從現在開始，他必須轉換信心的來源管道，發動自己的引擎來培養信心。他回顧了之前的失敗與成功經驗，在回顧時，他會馬上想起失敗的經驗，卻一直找不到成功的體驗。雖然學業成績優異，他卻不認為這是成功體驗，所以，我設法讓他認同學業成績優異就是一種成功體驗，目的是為了增加他的成功體驗的記憶。

A同學的雙親也來面談過好幾次。他的父母是真心疼愛孩子的好雙親，處處為孩子著想，盡力負起身為父母的責任。因此，父母的引擎一直在全力發動，卻忘了要啟動孩子的引擎。

我請求這對父母的協助，並討論了讓他們停止發動引擎的方法。父母總是擔心孩子，只好持續發動引擎，以因應孩子的需求。如果父母一直在孩子身邊顧東顧西，孩子無論引擎性能有多好，也無法自我認同。在面談時，我會要求父母回顧孩子的優點，讓父母感覺到就算他們停止發動引擎，孩子也有能力克服所有的問題。

即使孩子大了，看在父母眼裡，仍然覺得他們還像小時候那樣可愛。在孩子上小學之前，父母會竭盡全力為孩子做事、投注所有的愛；但等到孩子上了國中，就應該停止「凡事都幫孩子做好」的態度，然而父母總是錯過轉型的好時機。A同學的父母面對進入大學就讀卻遭遇挫折的兒子，依舊抱持著之前的態度，為了孩子拚命發動自己的引擎。孩子更換引擎，需要父母的配合。如果孩子已經卯盡全力想轉動引擎，雙親的引擎卻依舊在一旁賣力轉動的話，恐怕孩子會無法順利轉動自己的引擎（發揮能力）。

在此針對「衝勁」，也就是在內心建立自發性動機的部分加以說明。

如果希望凡事能憑一己之力完成，原動力（引擎）是不可或缺的。即將邁入青春期的孩子，仍依靠著雙親的引擎而行動。他自己並不知道處理事情的方法，完全仰賴監護人每天細心提點自己：「起床囉」、「該上學了」、「去刷牙」、「不要玩電玩」、「該去看書囉」、「不准看電視，快去洗澡」、「該上床睡覺了」，孩子就照父母所說的做，進而完成該做的事。

過了青春期，孩子當然要開始啟動自己的引擎而行動。他必須觀察周遭情況，清楚掌握自己所面臨的處境，學習預測未來，思考現在的自己該做什麼，並付諸實行。

之所以用引擎來譬喻，是因為一旦兩個引擎同時運作，輸出的力量並不會變成兩倍，反而會相互牽制而暴走，我希望大家明白這個道理。為了讓孩子的引擎順利運作，之前賣力轉動的父母引擎一定要停止轉動。

可是，要求父母不幫孩子，讓孩子依靠自己的引擎去完成該做的事，簡直比登天還難。因為孩子的引擎才剛開始啟動而已，狀況並不穩定，恐怕會常常停機。

父母因為擔心孩子，見孩子遇到挫折，就馬上將自己的引擎遞上去，結果孩子只好讓自己的引擎停止轉動。雙親搶先拿出自己的引擎來幫忙孩子，當然是出於好意，但這麼做卻會讓孩子的引擎失去試轉的機會。當父母發現孩子的引擎好像要停機了，孩子也開口要求借助雙親的引擎，請不要馬上答應，就在一旁靜靜守候，等待孩子的引擎再次啟動。

當孩子開始啟動自己的引擎，身邊的人要保持沉默，讓孩子自己思考該嘗試哪些事。父母雖然不曉得孩子憑一己之力能否把學業顧好，或順利參加社團活動、與朋友交流，但也不必過於擔心，就先讓孩子挑戰看看吧。結果也不過是兩種，不是成功，就是失敗。

假使孩子的嘗試成功了，他們的心靈能夠獲得回饋，因為自己的努力贏得旁人認同，為了想再次得到認同，就會更有鬥志及衝勁。相反地，如果遇到挫折，孩子就會傷心，不想再嘗試相同的痛苦經驗，也失去再挑戰的意願，整個人意志消沉。成功經驗會加速引擎轉動，失敗經驗則讓引擎減速。

青春期孩子的經驗尚淺，雙親引擎所造就的經驗，並不會成為孩子啟動自己的引擎所得到的經驗。等孩子啟動自己的引擎後所得到的經驗，才能夠算數。當成功經驗累積到某個程度，引擎狀況就會變好且開始活絡轉動；不過在青春期階段，無法如此輕易就累積到許多的成功經驗，會有一段時間在不斷的試誤，這段時間裡引擎有時轉動、有時停機，狀況並不好。

在這種時候，雙親的反應影響甚鉅。為人父母者，不能因擔心就馬上捧出自己的引擎。請父母們耐心地在一旁靜靜等候，讓孩子在困惑中磨練，他們的鬥志之芽才會逐漸茁壯。

這段期間，雙親能做而且必須做的事，就是幫孩子的經驗貼上「成功」的標籤。當孩子挑戰某件任務，有時候就算有結果呈現，孩子本身也不曉得這樣是否就算成功。多數的經驗是部分成功、部分失敗，不能算是全面成功。如果第一願望失敗，第二願望成功，就是成功與失敗同時降臨。

請雙親一律視這些情形為成功經驗，並予以認同。你可以這樣讚美孩子：「雖然不是全部如你所願，也算是成功了，你真的很棒。」如此一來，孩子就能累積到更多的成功經驗，他的引擎也會一直運轉順暢。

關掉父母引擎的難處

當孩子邁入青春期，雙親必須從原本與孩子貼身的親密位置稍微後退，與孩子保持距離，不能隨時都在孩子身邊繼續給予他保護。從保護的立場撤退，將之前雙親為孩子做的事全部移交給孩子，即使孩子失敗了，也不要伸手援助，就站在一點距離之外觀看孩子如何付出努力，自己克服難題。

父母如果表現出擔心的樣子，孩子就不會戰戰兢兢地擔心自己的事。相反地，如果父母表現出事不關己的態度，孩子才會主動擔心自己的事，並且自己想辦法解決問題。雖然過程辛苦，對孩子而言卻是重要的必經歷程。讓孩子忍受辛苦，自己想辦法解決問題，在不斷品嚐成功與失敗的滋味後，他終能學會克服難關的技巧。

尤其在孩子失去鬥志時，正是對於父母的考驗。這是在鬥志的動力來源從父母的引擎轉移至孩子的引擎時，一定會歷經的一段空白期。

假設過幾天學校就有考試，可是你的孩子卻完全不在乎，整天打電玩。

雙親：快去看書！

孩子：我正準備去看書，真愛唸（憤恨不平）！

雙親：就算你這麼說，如果我沒提醒你，讓你隨心所欲的話，你永遠都不會想到要看書！

這是青春期常見的親子對話。

「假使放任孩子，他應該不會想要去看書吧？」父母要不要再稍等一下，等孩子拿出鬥志呢？

雙親用慣的高性能引擎，能迅速因應各種情況，並順利啟動。孩子的引擎才剛開始啟用，最初階段的啟動速度一定比較慢，輸出力道也弱，如果使用雙親的引擎，當然能運轉順暢。遇到緊急狀況，孩子最後常常忍不住借用雙親的引擎。解決了眼前的難題固然好，但如果一直都是這樣，孩子永遠不會想試著啟動自己的引擎。

為了斷絕來自雙親引擎的協助，父母一定要壓抑內心那股想出手援助的衝動。讓孩子用他的引擎解決問題，性能可能還不太好，也比較花時間，說不定會來不及應付這次的考驗，為人父母者一定要做好心理準備，坦然面對可能的風險。

與他人協調

Q 我的孩子半年前開始輟學，我認為學習能力差是原因之一，他的期中考成績退步很多。另一個原因是人際關係，他國中和高中時期都遇過所謂的「霸凌」事件，個性也因此變得扭曲。他的父親長期派任到海外，這孩子可說是與我相依為命。不曉得是否因為跟班上同學相處不睦，他不肯上學，過著日夜顛倒的生活。我很擔心再這樣下去，孩子會變成繭居族。該如何做，才能讓孩子恢復正常的作息？

A 人際關係是導致繭居的一大因素。「被霸凌者」就是因為他人行為而受傷的人，事情不盡人意，就意志消沉。為了與周遭的人和平相處，必須放棄自認安全的世界，壓抑自己的欲望、配合別人；即使別人傷害自己也不氣餒，且能將自己的意念清楚傳達給對方，想做到這個境界，需要加強孩子的社會性能力。

如果孩子的社會性能力發育不完全，學校會變成毫無舒適感的危險世界。一旦討厭學校，只好選擇撤退。人變得提不起勁，成績也會下滑。

家人能做的事，就是為孩子製造與他人協調的機會。由於父親在國外工作，孩子僅與母親一起生活，孩子所接觸到的人際關係只有與母親的近距離「二人關係」，在家裡無法製造出「其他人」。解決問題的關鍵，在於如何讓家族關係溝通良好，也就是如何和諧地引進「其他人」於家庭關係中。

為了培養孩子的自信、幹勁與希望，「其他人」的存在扮演了重要的角色。我們總是透過家人、職場同事、朋友等社會上形形色色的其他人對自己的認同或否定，來確認自我價值的存在。終日窩在家中，不跟其他人交流，就會失去與其他人的互動能力，最後導致無法產生自我價值。

像坐禪的僧侶那樣，一個人靜靜冥想，很難想出新的價值觀。無論透過書本、網路或他人都好，若一個人無法獲得任何肯定或否定自我的資訊，就無法成長。盡管讓孩子走進校園、職場、朋友圈，或接觸身邊人們的生活吧，雙親不需要特別為孩子製造機會，孩子會自己改變。

繭居族只能仰賴家人替他帶來其他人的資源。當事人接觸到的有限人物（即家人）該如何讓「其他人的功能」順利發揮，是非常重要的環節。透過書籍或網路讓孩子體會與他人互動的重要性也行，但這些都只是資訊而已，並沒有「人」作為媒介。如果能有孩子相當重視的他人來告知資訊，就會變成他願意參考的活資訊。

和其他人相處，結果就像兩面刃。他人讓自己受傷時，是非常痛的感覺，我們可能會因為不想再經歷這樣的經驗，而成為繭居族。但是另一方面，當我們獲得他人認同時，內心真是無限喜悅，這份喜悅會成為原動力，讓我們的每一天都變得很有意義。所以，具備正面影響的他人的存在，非常重要。

接下來，就是要如何改掉孩子日夜顛倒的生活習慣，讓作息恢復正常。生活日夜顛倒，是繭居族常見的徵兆之一。因為終日沉迷於電玩或電腦而造成生活日夜顛倒，這並不是讓孩子變成繭居族的原因。一般人總認為，是因為電玩有趣，一玩就停不了，所以孩子玩到很晚、早上起不來，導致最後不去上學，其實正好相反。

孩子之所以在白天睡覺，是因為他不想面對人人都在活動的白天現實世界。晚上大家都睡了，四周沒有人，孩子才可以自由活動。對繭居族而言，夜晚比白天更令人感到安心，所以他們就熬夜，結果變成電玩或網路上癮，無法自拔。這也是一種依存症，關於詳細情形，請參考下一則專欄。

孩子為了避開壓力、自我保護，選擇日夜顛倒的生活，成為網路上癮者。就算你拿走電腦，命令孩子早上起床，情況仍無法改善。如果孩子白天的生活多采多姿，即使網路或電玩多麼有趣，孩子也能自己控制生活步調，恢復正常作息。

就算沒有雙親耳提面命，孩子也會自己恢復活力，回到正常生活。總之，調整生活作息這件事，就交給孩子自己解決吧！可是，如果家裡訂了家規，孩子隨意破壞時間規矩，也讓人相當困擾。不必改變一般的家規，請依循固定的用餐時間，至於孩子要不要用餐？何時用餐？這些問題就由他自己定奪。先訂好家規，要求孩子吃完飯洗自己的碗盤，務必讓孩子遵守最低限度的家規。解決問題的關鍵不在於該如何修正日夜顛倒的生活，當務之急是讓孩子重新回到白天的活動空間。

何謂依存症？

依存症是指對特定對象喜愛到沉迷的地步，然後越陷越深，雖然想從沉迷中抽身卻抽離不了，因而感到困擾。依存症也就是所謂的成癮症，依賴的對象物種類繁多。

第一種情況，是依賴對神經產生作用的化學物質。譬如酒精、香菸、興奮劑、迷幻藥，或是安眠藥、鎮靜劑、止痛劑等都是。

第二種情況，是對特定行為產生依賴。大家很快就會聯想到柏青哥、麻將、賽馬等賭博性遊戲，也有人會瘋狂購物，或對吃（暴食或厭食等飲食失調行為）、對工作產生依賴。也有人對於人際關係產生依賴心理，譬如戀愛依存症、性愛依存症，或是兩人之間彼此依賴，稱為共依存症。最近，網路上癮、網路電玩上癮等問題，也浮出檯面。

以上情況若是適度依賴，不會有問題，反而有益身心。少量酌酒能放鬆心情，舒緩緊張感及疲倦感，也不會影響健康。安眠藥和鎮靜劑少量服用的話，並不會危害健康。戀愛、性愛或工作乃是人生必需之事，與人生幸福息息相關。可是，香菸、興奮劑、迷幻藥等即使少量使用，就會危及身心。

當依賴程度過量時，就會出現問題。當我們依賴任何一個對象時，心情是愉快的，也會感到神清氣爽，於是便更想依賴，程度就逐漸加重。剛開始少量就能得到愉悅的效果，等到成癮後，份量沒有增加就無法獲得最初的愉悅感，最後變得自己也無法控制份量。

依存症，分為生理依存症及心理依存症兩種。如果是生理依存症，會因為化學物質影響生理功能，一旦停止使用該物質，就會出現痛苦不悅的戒斷症狀。譬如戒酒，會出現幻覺或雙手發抖。如果是心理依存症，一旦停止對於對象物的依賴，就會情緒焦燥、不安、恐慌等，情緒會明顯變得極度不安。為了避免造成這樣的生理不適和心理不安，成癮者遂加深依賴，最後陷入惡性循環中。

接著，成癮者將出現各種障礙現象。首先是身體受到侵蝕，酒精會傷害肝臟，導致肝炎或肝硬化，甚至高血壓、腦中風等各種慢性病都會出現。

接下來，社會生活也將受到干擾。可能是工作或學業遇到阻礙，進而失業或被退學，沒有收入而為了錢去犯罪等。

最後，對家庭生活也會造成重大影響。舉例而言，酒精成癮者會對家人施暴，又因為無法工作而導致家庭經濟狀況惡化，讓家人無法過正常的家庭生活。夫妻關係及親子關係也隨之惡化。這些情況會形成家人的創傷，於日後留下不良影響。

那麼，為何會演變為依存症呢？有以下幾種說法。

最淺顯易懂的說法是「條件附加模式」，即物質所造成的高潮感或愉悅感會影響大腦的回饋機制，讓人感到滿足。可是，光是這樣還不會變成依存症。愛酒人士不見得都會變成酒精成癮者，有些人會依賴成癮，有些人卻不會。

第二個說法是「生物學歸因」，認為有容易導致依存症的身心因素，譬如有特定遺傳基因、心理的脆弱感、感情調節不全、精神障礙等問題的人，會成為依存症者。思覺失調症患者會一直抽菸，因為有人說尼古丁有抑制幻覺、幻想等精神症狀的效果，所以會依賴抽菸來抑制這些症狀。

第三個說法是「自我療癒假說」。依賴心理隱藏著創傷、壓力、失敗、悲傷、痛苦、憤怒等各種極度難受的感情經驗，為了逃離這些痛苦而活下去，只好賴某個對象物。至於會選擇哪種物質或行為，端看個人喜好。

以上說法，都有某種程度為人所認同，但我個人認為第三個假說是比較有根據的，人在這樣的時刻偶然接觸到喜歡的東西（如第一個假說）時，就會沉迷進去。換言之，就是將「難以說明的痛苦」調換成「能夠說出口的痛苦」，以期捱過人生苦楚而繼續活下去。這樣的想法會衍生出自殘行為和反覆強迫行為。

譬如「割腕行為」與自殺意圖有著微妙的差異，當事人並不想死，卻有著想傷害自己的念頭。之所以這麼做，是希望透過自殘之類可以表明痛苦的行為，讓自己不再去想那些無法憑一己之力而解決的痛苦。

反覆強迫行為，是刻意去複製造成痛苦的創傷，希望別人能明白自身痛苦的行為。譬如曾遭父母虐待的人，儘管他的想法是堅決反對暴力，卻還是虐待了自己的孩子，將自己曾受過的痛苦再傳給下一代；或是小時候曾遭遇性虐待的女性，長大後從事性工作。而電影《越戰獵鹿人》（The Deer Hunter）中出現的俄羅斯輪盤，就是最佳例子。

故事描述一個在越戰中遭俘虜、被迫玩俄羅斯輪盤遊戲（參與者輪流用裝著一顆子彈的六彈筴槍，朝自己的頭扣下扳機，有六分之一死亡機率）的人，在戰後荒廢了的鬧市空地，不停地玩著俄羅斯輪盤。他希望透過傷害自己的行為，讓自己遠離過去那個壓垮自己的重大創傷。這是一種常人難以想像的現象。

繭居是旁人的責任？還是自己的責任？

Q 孩子對我說：「我無法思考未來的事。我什麼都不想思考，也不想做任何事。」然後就突然開始整天窩在家裡，足不出戶。最近他還抱怨：「無法為孩子打造良好溝通環境的父母最差勁」、「都是學校的錯」、「社團成員是壞人」，把所有的原因歸咎於他人身上。

一跟他聊未來的事他就發飆，不跟我說話。我知道孩子的問題不是一朝一夕能解決，要花時間耐心處理，可是我無從知道他的真心，根本不曉得該如何處理才好。

A 當孩子處於孩童心態（自我全能感）時，認為失敗的責任不在於自己，而在別人身上。孩子因為能力不足，無法自己承擔責任，需要身邊的守護者保護，因此，當他遇到挫折，就會怪罪旁人，認為是別人沒有善盡照顧的責任。

當兒童心理成長轉換為成人心理後，就會懂得自我負責。這樣的態度最重要，因為人生不如意事十之八九，為了能在世間獨立生存，一定要擁有自我保護的能力。

青春期正是培養自我保護能力的時期，遇到挫折時，就是培育成人心理的契機。不過，這也可能造成孩子的退縮，因為他承受不了痛苦，便將責任推給旁人，再回到凡事無能為力的兒童心理狀態。

可是，一旦能夠克服挫折，設法度過難關，就能更有自信，即使在必須面對挫折時闖關失敗，也有自信最後可以度過難關，不放棄任何希望，勇往直前。

那麼，回到原本的問題吧！現在您的孩子將責任都推給別人，這正是他由兒童心理轉換為成人心理的最佳機會。

「無法為孩子打造良好溝通環境」正是解決問題之鑰，您就從現在開始，為孩子打造可以無障礙溝通的環境吧。所謂「無法為孩子打造良好溝通環境的父母最差勁」，雖然雙親自己不這麼認為，但看在孩子眼裡，他是這麼想的。這個問題該如何解決呢？請父母親耐心傾聽孩子說話。

「都是學校的錯」——發生了什麼情況，讓孩子這麼說？社團成員很壞又是怎麼回事呢？聽孩子說說吧，在傾聽時不要說「你說錯了」，千萬不要否定孩子，首先要全盤接受孩子說的話，試著了解他的內心及想法。

讓孩子說完所有的話後，再跟他聊未來的事。您可以問他：「你真正的計畫是什麼？」如果父母叫他上學，會變成是保護者對他下達指令，並非他心甘情願想做，所以不要這麼說，而是問他：「你自己有何計畫？」讓他說出心裡的想法。即使他回答：「我沒法想，也不想去想。」您絕對不能就這樣接受了。父母可以接受孩子的心情，但是為孩子鋪路是父母的責任。

雖然孩子說「不想去想」，您還是要溫柔地，語氣明確地告訴他：「不能什麼都不想。對現在的你而言，未來非常重要。未來不是雙親給你指示，而是你要自己去思考與計畫。我能體會你什麼都不願意想的心情。但還是要想想看。我不會對你發脾氣，我會耐心聆聽你的想法。」請雙親不要急，拿出耐心，花時間套出孩子的真心話。

孩子知道雙親願意傾聽，會覺得很安心，因而產生想要克服難關的勇氣。

繭居族與雙親關係的再調整

孩子離開父母獨立，是指在孩子的心中，雙親的位置要從不可或缺的地位，移動至不必經常存在的地位。也就是說，孩子發表擺脫雙親控制的獨立宣言，為了獨立而宣戰（＝反抗）。抗爭之後，當然就是和解。

當孩子能夠自立，不再需要父母的全面呵護，就能理解雙親能力有限的道理，也能以客觀態度看待雙親的缺點。當孩子不再需要雙親協助，可以自我打理，雙親就從不可或缺的角色，變成像空氣一樣看似不在卻無所不在。

無條件地愛孩子與保護孩子的母親，角色會變得不再那麼絕對，孩子會放棄對母親的依賴，從母親雙手緊密環繞的保護空間中，將自己抽離。

這時候，孩子會挑戰父親的權威。在孩提時代，孩子非常尊敬父親，且無條件服從，到了青春期，會與父親維持對等關係，彼此溝通、協調。透過這樣的行為，孩子會為自己培育出內在的權威。

如果前述的體驗不足，孩子持續受雙親支配，他為了逃離，只好持續反抗。如果孩子因為前述體驗不足而慌張失措，則會恐懼再被雙親支配，因而與雙親疏離，並持續否定雙親。如果孩子與雙親無法完全和解，他會一直懷恨雙親，且常對父母發飆。當孩子對雙親的恨意及怒氣完全發洩後，親子對等關係的和解就會降臨。

確保容身之處

Q 小女已經繭居在家約一年多。現在除了每週有三至四天的傍晚短暫地在附近超市打工，幾乎都窩在家裡。她似乎很在意別人的眼光，討厭出門，生活也是日夜顛倒。

小女無法對任何人敞開心房交談，跟朋友見面也會緊張到說不出話。她雖然知道有該做的事等著她，卻總是提不起勁。她說，她知道大家都對她很好，可是自己卻辜負眾人期望，很討厭這樣的自己。

她感覺比實際年齡還稚氣，非常討厭獨處。幾乎整天都坐在客廳，很黏我這個母親。她說過不想出門，也想辭去打工的工作。我想帶她到醫院檢查，可是她拒絕所以去不了，我現在已經窮途末路，無計可施了。

A 令嫒還活在自我世界裡，無法自行於外在世界找到容身之處。因為她在意別人的眼光，與他人相處就會緊張，沒有衝勁、自信，又討厭自己，才會說想跟母親在一起。

為了讓令嬡走進外在世界，必須培養她交際的自信心，讓她跟朋友或旁人相處時不會緊張。如果自信心不足，便無法激發她走向外在世界的意願，且一直沉溺於討厭自己的情緒中。她之所以一直停留在自我世界裡，黏在母親身邊，目的是為了消除內心的不安。

在自我世界裡，她的保護人會提供安全的容身之處，自己什麼事都不用做，就很安全。然而在外在世界，必須憑自己的能力尋找與確保自己的容身之處。在寬廣又異質的外在世界，得憑自己的能力取得自我存在的認同感、確保自我存在的安全感、找到能自我滿足的容身之處。友誼、學校、職場、地區團體、婚後所組成的家庭，都算是這樣的外在世界。

令嬡很清楚自己必須變得堅強、獨立，現在當個繭居族，不僅雙親難過，她自己也很痛苦。請父母耐心地等待她成長。

令嬡雖然在意旁人眼光而感到緊張，卻還願意到超市打工，不是很了不起嗎？請多多給予認同，給她正面的愛。對於孩子氣、討厭獨處、緊黏著媽媽的女兒，請多多擁抱她。只擁抱身體不夠，還要用言語擁抱及溫暖她的心靈。對於令嬡肯去打工這件事，一定要多加讚賞，給她希望。雙親要發現女兒的優點，並且親口告訴她。還要告訴她：「妳絕對沒問題，一定可以跟大家和樂相處，打起精神來就能辦得到。」透過這樣的訊息把勇氣送給女兒。然後令嬡一定會越來越開朗，整個人活力充沛。

如果可以，母親不妨也開始在同一家超市打工。和自己希望能時時刻刻都在一起的母親在同一家超市打工，令嬡一定不會想辭去這份工作，而是開心地繼續做下去。母女打工的時間或日期不需要一樣。如果是母親也在的場所，令嬡一定也能安心停留。

動搖的心

「兒童心理」與「成人心理」的糾纏，不只存在於青春期，即使長大成人，這份糾葛仍會伴隨你一輩子。所謂的成長，大家通常認為就是「兒童心理」轉換為「成人心理」的過程，我卻有另外的看法。

我認為，不論成人或孩童，不管是什麼年齡，每個人心裡都同時住著「兒童心理」及「成人心理」，我們的思緒總是在兩者之間擺動。幼童只擁有「兒童心理」，青春期以後我們則同時擁有「兒童心理」及「成人心理」，並會視情況分別啟動。剛邁入青春期時，「兒童心理」的意識較強，「成人心理」才剛萌芽，還無法正常運作。

等到成為真正的大人，「成人心理」會躍升為主角，可是當我們因壓力而感到心力交瘁或因挫折而失去自信時，又會暫時退化為「兒童心理」。一旦退化回兒童心理，便不會想憑自己的力量解決問題，而是想向他人尋求協助。接下來也可能會出現想接受諮商面談的念頭。可是，如果向錯誤的對象求救，就會變成過度依賴酒精、藥物、賭博或某個人，把自己弄得身敗名裂。

因為青春期的孩子還不習慣「成人心理」的功能，心理狀態就會在懦弱的孩童及勇敢自主的成人之間搖擺。當孩子一直朝兒童心理退化，不想改變跑道至成人心理時，就會出現繭居的情況。

繭居現象長期化後，會陷入惡性循環，與外在世界的距離也會越來越遠。當孩子長時間不上學或不工作，他的學業、事業、友誼都會大幅落後，想讓孩子再回到學校或職場，就不容易了。

心理疾病與霸凌

如果沒有特別的問題，每個人都可以很自然地走出自我世界，進入外在世界。可是，一旦出現會讓人滯留在自我世界的因素，就無法順利移動。這裡所說的因素，係指心理疾病及霸凌。

一旦罹患心理疾病，通往外在世界的力量就會受阻。

思覺失調症（即舊稱的精神分裂症）患者與人相處的方式顯得扭曲，老是有幻覺或幻想，認為有人闖進自我世界裡，終日惶惶不安。他會想在自己和他人或社會之間築起一道牆，讓自己躲在牆後。

憂鬱症患者會意志消沉，思想悲觀，失去與外在接觸的自信心及勇氣。

廣泛性發展障礙或亞斯伯格症（Asperger Syndrome）患者，是指在看見或聽到、獲取資訊的認知能力方面有障礙。因此，不擅推測對方的想法，不懂察言觀色，於是人際關係不順，進而失去自信。

創傷後心理壓力症候群（Post Traumatic Stress Disorder／PTSD）患者因為過往的創傷，心裡非常恐懼過去可怕的經驗再度重演，總是擔心害怕，不喜歡接觸新場所，也忌諱與人見面。

有被霸凌經驗的人，因為自我的安全受到威脅，會變得不肯走進外在世界。不過，不見得所有被霸凌的人都會這樣，要視霸凌程度而定。

輕度的霸凌經驗，是引導孩子走向外在世界的最佳契機。離開自我世界，邁入外在世界之初，難免會與他人起爭執，或遭遇挫折。然後我們就在承受這樣的壓力傷害下，學習克服難關的方法，進而邁向自立。如果監護人連小傷害都幫孩子承受的話，孩子將失去走進外在世界的機會。像這樣的輕度霸凌經驗，應該展開雙手迎接，它是刺激孩子成長的原動力。

另一方面，若客觀而言不管怎麼看都是惡意的霸凌，就會令人深深受傷。像這樣的霸凌事件，必須以整個社會的力量來撫平傷口。可是，從現實情況來看，繭居族遭遇嚴重霸凌的案例極少。

當今的校園或社會，確實存在著各種問題及矛盾。孩子因為老師或學級制度而受傷一蹶不振的例子也不少。如果在整個學校或特定班級中，常發生暴力事件、霸凌事件，導致學生無法安心學習、拒絕上學，問題就在於學校的管理能力及教師的指導能力。這時候，學校一定要有所行動，積極解決問題。

如果學校是存在著一些問題，但學生大多能夠適應且沒有異常行為的話，則不能斷言問題是出在學校身上。

有所謂容易變成繭居族的個性嗎？

Q 不知道是否有所謂容易變成繭居族的個性？小犬的個性溫柔體貼、開朗樂觀，但也有神經質、執著容易受傷的一面。而且他太有自信，常因為理想與現實的落差而受傷，讓他現在變得毫無自信。

A 一絲不苟、有潔癖、強烈不安全感、不懂變通、堅持己見行事、自尊心強、決定好的事不容改變……這些都能算是所謂容易變成繭居族的個性。

大家通常認為，個性乃是某人特有的固定屬性，其實，人的個性常會因情況而改變。尤其在青春期階段，在與周遭的人交流或經歷各種體驗的過程中，個性也會不斷變化。但如果因為自己個性不好，刻意讓自己變成另一種性格，最後往往會失敗。相反地，以平常心接受自己的個性，就算沒有想改變個性的意圖，最後個性也會自然改變。

因為個性就是自我與自我形象，也就是所謂的自我定義。想要改變個性，等於是否定自己，那就會失去自信，進而喪失鬥志。

接下來，試著反向思考吧！懷著「自己個性很好」的想法，等於是肯定自己。當你認為：「我覺得自己這樣很好，不需要改變。」就會覺得開心。或許你以前老是膽顫心驚地認為：「我很差勁，一定要改變才行……」若能轉換想法，告訴自己：「我這樣也沒關係。」整個人會變得很輕鬆，也能夠心平氣和跟眾人相處。

於是，雖然你自己沒有改變的打算，但看在周遭人眼裡，會覺得你變了很多，連個性都變了。

告別「全能的自我」

Q 小犬大學入學考試的成績吊車尾，因此決定重考一年，並參加補習班準備考試。可是重考還是不理想，重考的第二年他竟然說：「已經來不及了，再這樣下去鐵定落榜，還是不要參加考試了。」然後就把自己鎖在房間裡。

小犬想就讀國立大學醫學系，他曾說：「沒有考上的話，活著根本毫無意義。」也說過：「我以前活在學歷至上的世界，但已經回不去了。就算再怎麼努力，也不可能把無變成有。」

看起來他已經完全放棄自己的人生了。他不再看書，常常自言自語地說：「我該怎麼辦才好？」、「隨便怎樣都好啦，我早就放棄了。」每天關在房間裡，幾乎不出房門。身為父母，我們實在不曉得該怎麼辦才好。

A 令郎國中以前的成績都很好，足以考上他的第一志願學校。也因為成績優秀，培養了高度的自尊心（自我形象）。可是上了高中以後，成績未達理想，大受挫折，也不曉得未來的路該如何走才能滿足自己的高度自尊。

對令郎而言，他的「生存意義」就是找到符合他自尊心的未來出路，也就是成為國立大學醫學系的學生。當這個夢想沒有實現，他就失去生存意義，只好自我放棄。

令郎現在需要重拾自尊心。他得放棄自己所期待的一百分自我，接受分數修正到六十分至七十分的自我；這得是他自己傷心、煩惱、內心經過一番掙扎後得到的結果，這段過程要讓令郎自己體會，雙親不能插手。

讓原本的價值觀瓦解，再重新建立其他的價值觀，這樣的過程非常痛苦且艱辛。雙親能為孩子做的事情，就是檢驗您自己的價值觀。價值觀籠罩著全家人，就算沒有說出口，雙親的價值觀也會傳達給孩子。一旦雙親能夠修正自己的價值觀，孩子便也能從自我的價值觀解放出來，獲得自由。

Part 2

孩子成為繭居族，不是父母的錯

家庭的「心結」

Q 外子已經三十幾歲，因為身體不適而向公司請了長假，從此整天窩在家裡。外子的原生家庭存在著各種問題，像是雙親不睦、婆媳問題、兄長霸凌、家人彼此互不關心、父親態度冷漠等等。

外子因為過去發生的事，加上幼時的生活環境，一直不信任家人，也跟職場上司處不好。他現在好像已經無法完全相信人，自我評價也很低。如果他肯把心裡的話說出來，大哭或生氣，不要壓抑感情，盡情宣洩的話就好了。他連身為妻子的我也不信任，夫妻之間根本無法溝通。

A 您先生的原生家庭存在著許多問題，換言之，他的家族歷史囤積著眾多的「僵硬點」（心結）。

家庭的僵硬點，其實就是家人關係的僵化。人與人親近，本來就會產生喜悅及痛苦兩種感覺。家人之間對彼此的期待很高，當期待成真，大家會非常開心；一旦期待落空，就會傷心、氣餒、生氣。

您先生對他的原生家庭評價並不好，認為每個人都不順利，包括夫妻、婆媳、親子、兄弟之間全有問題，「無法和樂地與他人接近和相處」這樣的想法，已經深植於他的心中。因此，透過他過往的經驗，他也預期自己的職場關係和夫妻關係一定會不順利。

或許在剛開始時，職場人際關係和婚姻關係還算順遂；然而一旦彼此的關係更親密，要進一步深入交往時，由於這樣的不安預期已經深植於他的心中，他就會朝不利的方向設想。最後，這些關係就真的如他所預期的不順遂。

家人之間的感情本來就有樂有苦。因為很重視家人，才更希望能建立良好的關係，這就是期待著喜悅充滿的親情。如果一個人不重視家人，對家人就不會有所期待，也不會有所依賴。

家家有本難唸的經，人與人之間當然會存在心結，可是家人因為有過和睦相處、幸福喜悅的經驗，所以能轉換心情，或是與家人溝通、克服心結。

不過，當家庭的心結變大，問題就難解了。這心結會令一個人的心情無法平穩，自信與自尊被打擊，平常的工作及社會生活也會出現障礙，進而身體失調、無法工作，嚴重的話就會失去出門的勇氣，變成繭居族。

過往負面情緒囤積而成的內心癥結，透過傾訴、哭泣來宣洩，是很棒的治療方式，然而要這麼做，並不如想像中容易，因為要回憶過往痛苦的經歷並說出口，是非常痛苦的事。碰觸內心癥結，會讓人感覺痛苦、羞恥，甚至會將費盡千辛萬苦才架起的自尊心全面瓦解。儘管我們知道必須碰觸痛苦傷口，才能打開心結，但是不見得每個人都願意這麼做。

在本章節中，將介紹有關家庭心結的實際例子。

您似乎覺得您的先生「不信任妻子」。您的先生可能只是嘴上這麼說，但其實他非常信任妻子。因為，他向您傾訴了原生家庭及公司的事，就是因為您令他信任，覺得有安全感，他才會告訴您這些事情。不過，他並不認為夫妻關係是和睦的。

因為在您先生心裡，「家人關係不會和睦」的印象已定型，要扭轉他先入為主的觀念並不容易。信任感及安全感，是解開您先生長年累積的沉重心結之鑰。您的先生需要一個他認為願意聽他傾訴，而且有同理心、值得信賴的人。只要您先生對您懷有信任感，他的心結總有一天能夠解開。

家庭肩膀僵硬理論

我在說明家庭壓力因應方法時，會使用「肩膀僵硬」的說法來比喻。

當我們過度使用身體時，自然就會出現肩膀僵硬的肌肉疲勞現象。每個人都會這樣，不是疾病或異常狀況。當疲勞感累積，肩膀僵硬，就會因為疼痛而盡量不去活動肩膀。

家人之間的心結也是一樣的道理。家人之間的心結或負面的記憶，若未加處理，就會一直留在心中某處，每天都要提醒自己不要去碰觸這些痛處。當某塊肌肉僵硬了，為了不要使用它，就會以其他動作來代替。年輕時這麼做不會有問題，但時間一久，僵硬感會越來越嚴重，最後導致四肢動作遲鈍，難以動彈。

家人的「關節」也是一樣的情況，雖然知道所有家庭問題需要被面對和解決，但只要一碰觸到家人關係就會覺得痛，因而難以面對和解決問題。這並不是人心軟弱或心靈生病，也不是因為當事人沒有用或不夠成熟，純粹是關節使用過度，任何人都可能面臨這樣的情況。

若肌肉的僵硬感不是很嚴重，還可憑藉自癒力來恢復活力。一旦僵硬到某個程度，只能仰賴按摩來抒解，找出僵硬點，溫柔地撫觸和搓揉。萬一遇到門外漢隨便抓捏，當事人可是會痛到跳起來的，因此絕不能隨意讓人碰觸。但如果對方是資深按摩師，就可以放心地把自己交給他，即使覺得痛，身體也承受得住。

專業按摩師憑著過往豐富經驗，很快就能找到僵硬點。雖然讓資深按摩師碰觸僵硬點也會很痛，但絕對不是讓狀況更惡化的痛，而是僵硬點即將開始軟化的舒暢痛感。

專業的心靈按摩師了解你心裡的痛，在不會加深痛感的安全感氛圍下，心靈按摩師以言語點出導致你內心僵硬的原因。於是，他會幫助你將隱藏在內心深處的情緒化為言語，你的心痛感也隨之獲得釋放，儘管僵硬點依舊存在，但是碰觸時不像以前那麼痛了。

僵硬點經過充分搓揉後，之前不能碰觸的部分就能自由活動，開始敢和人談論以往因恐懼而無法提及的話題，也有勇氣去接觸人群、與人交往。連以前合不來的人，也能自然地交談。最後，就連害怕與外界人群接觸的繭居族，也能克服過往人際關係所遭遇的痛楚，開朗自信地與人交流。

重症程度的心靈僵硬感，會波及好幾個世代。假設，有位父親面對成為繭居族的孩子，不曉得該如何與之相處。孩子心情不錯的時候，以平常態度對待即可。但萬一孩子情緒出問題，到底該罵他？置之不理？抑或溫柔以對？還是多加鼓勵？實在不曉得該採取哪種因應方式。在這種情況下，父親無意識中會參考自己在孩提時代被雙親對待的經驗。

如果父親自己的經驗是痛到不堪回想，那就是長年的心結。可是，眼前孩子的問題又必須解決，因為不曉得如何處理，最後父親可能會怒不可遏地對孩子咆哮：「為什麼你這麼沒用！」然而他心裡明白不能如此對待孩子，只好將所有責任推到妻子身上，自己抽身離開，直接放棄跟孩子交流的機會。

想解開父親與孩子的心結，必須先解開這位父親與其父親的心結。他向諮商師傾訴自己與父親的關係，解放長久以來一直塵封在心底深處的情緒。過去他雖然心裡有氣，但如果對於生下自己的父親動怒，就是不孝的行為，只好一直壓抑這股怒氣。可是一旦發洩出來，他就能重新察覺到過去的自己有多麼壓抑，而大感驚訝。

當埋藏多年的怒氣獲得發洩，他會知道對繭居兒子的憤怒，其實是他自己對父親怒意的投射，這時候他就能好好整理自己的心情，過了一陣子，不知為何竟然不再生兒子的氣了。

雖然兒子情況依舊，但不曉得為什麼，這位父親對待兒子的態度變得寬容穩定。之前他看到兒子就先發火，完全無法跟兒子溝通，但現在不再劍拔弩張，已經能像一般父子那樣交談。

繭居族是家人造成的嗎？

Q 常言道：「家庭成員改變了，孩子也會跟著改變。」孩子會因為家人的關係養成封閉的性格嗎？孩子繭居在家，問題真的出在家人身上嗎？

A 許多人深信「變成繭居族的關鍵因素，在於家人」這樣的說法。孩子成為繭居族，主要是雙親或家人造成的吧？儘管大多數人如此認為，但因為這是非常重要的議題，希望大家能深入了解後再下定論。在此，我會從「是」和「不是」兩方面的答案來進行解析。

首先就「是」的觀點來說明。追根究柢，一個人之所以性格封閉，問題在於自己。青春期的孩子在學習自立、離開家庭獨立的過程中，總會遭遇各種問題，他要自己面對這些困境，憑自己的力量去解決。

可是，在孩子獨立之前所共同生活的家人的態度，對於孩子能否成功自立，影響甚鉅。

如果能建立良好的家人關係，孩子就會有自信與身邊的人好好相處。相對地，如果家人關係不佳，孩子就會沒有自信與人交往，無法與旁人建立友好關係。

不過，從「不是」的觀點來看，就算家庭有問題，家人關係不佳，孩子也不見得就會因此而成為繭居族。每天都要面對各種大小問題或不如意，然後一個一個解決、設法生存下來，這才是真正的人生。在煩惱或痛苦稍微獲得抒解之時，才能感受到幸福的瞬間。如果一路走來都是百分之百的滿足與幸福，會覺得一切都是理所當然，便無法感受幸福的滋味。正因為曾經遭遇不幸，當幸福降臨時才會喜悅。

家家有本難唸的經，每個家庭都有其煩惱之處。就算因為家庭問題而感到可恥或自責，也不要因此而失去自信，反而應該抱持著積極進取的態度，不要對問題視而不見，全家人一起面對，在冷靜溝通後想出解決之道，或向專家尋求協助。

根據我的臨床經驗，發現前來求助的眾多家庭所抱持的共同問題，就是家庭失去了活力，家庭成員不斷自責或責備家人，進而對家人間的關係失去信心。

任何人只要失去信心，就會變得保守且害怕改變，只想維持現狀，如此一來，孩子就無法順利成長。請以更輕鬆自在的態度看待孩子，讓孩子適性成長，大方快樂地與家人相處，建立良好的關係。

重新思考父母對待孩子的態度

Q 弟弟於一年前辭去工作後，整個人變得死氣沉沉，每當家母斥責他時，他就會生氣地說：「我本來就是個廢人。」、「我不想麻煩大家，我會離開這個家。」、「變成遊民也無所謂。」

我和弟弟一直在慈祥的父親與擅於照顧人的母親照料下長大。弟弟對於「父親不肯幫忙決定高中升學志願學校」的事，一直懷恨在心。

家母還是和以前一樣，對她的孩子照顧得無微不至。現在的生活跟學生時代幾乎一樣，我們也會像一般的母女那樣話家常。只是，每次聊到弟弟還找不到工作的話題時，家母就會衝到弟弟的房間，生氣地說：「還那麼年輕，不去工作，真是浪費人生啊！什麼工作都好，快去找工作吧！」、「為什麼不工作？你乾脆離開這個家！」

雖然舍弟讓家人擔心，母親還是把他當成學生般地照顧。弟弟在家什麼事都不做，也不打算找個兼職的工作，整天在家裡閒晃，窩在房裡上網或打電玩——這種情況已

經持續了一年，實在搞不懂他在想什麼。

A 您站在姊姊的立場，非常客觀地觀察了令堂及令尊對待令弟的態度。只要家人的態度改變，令弟也會有所改變。

令弟是在百般寵愛中長大，迄今依舊如此。他曾有過工作經驗，應該已具備成為社會人士的成熟特質。

不過，就您雙親目前的態度來看，他們心裡還是把令弟當成「無法獨立的幼稚小孩」，照顧他的日常起居，還把他當成小孩子般斥責。在這樣的家庭環境下，令弟的言行舉止就會像雙親印象中的「幼稚小孩」一樣。

到了青春期，親子關係也要配合孩子的快速成長而靈活改變。如果還維持著孩提時代的親子關係，一定無法和諧共處。在青春期之前與之後，雙親對待孩子的態度，一定要有一百八十度的改變。

在青春期前，雙親的眼神總是停留在我們身上。為了保護柔弱稚嫩的孩子，分分秒秒都投注著關愛的眼神。到了青春期，一直停留在孩子身上的雙親眼神要轉向他處，解除長期以來籠罩在孩子身上的保護罩。雙親要相信一心求自立、想脫殼而出的孩子的能力；收回關愛的眼神對於雙親而言，是非常重大的改變。

改變難免會有風險。建議捨棄過往習慣的對待關係，嘗試建立新的相處模式。要做到前述的境界難度很高，雙親會感到不安，然而家人的態度若無法隨著孩子的改變而更正，就會妨礙孩子成長。

比方說，現在就針對「離開家」這個選項討論一下吧！其實就令弟的年紀而言，離開家也算是積極的解決策略；不過，令弟和令堂並不認為如此。首先，他們要轉念，換個方向思考。並不是因為令堂發牢騷、跟令弟吵架，極度憤怒之下別無他法而提出「離開家！」的選項，而是雙親要打從心裡認為，這個孩子已經到了可以離家自立的年紀，這麼做會讓所有的事都變得很順利，因此「離家自立」的選項會是促使令弟真正獨立的最佳動力。

首先，要改變令堂的觀念。身為女兒的妳，請在一旁支持母親，耐心傾聽母親的想法。弟弟閒居在家固然不好，但對孤獨的母親而言，她或許渴望有弟弟的陪伴，只是母親從未察覺到這一點。請幫忙整理母親的情緒。

令尊則是另一個關鍵因素。對於令尊不肯和他討論高中以後的出路問題，令弟一直懷恨在心。令弟會恨父親不夠關愛自己，表示他現在還無法自立，對雙親相當依賴。

不過，當令弟能夠實際感受到父親對自己的關愛與協助時，他就能有足夠的勇氣離開雙親的身邊。現在令弟辭去工作，對未來前途感到茫然，此時正是讓令尊與令弟好好溝通的最佳時機。想要轉換人生跑道，需要極大的勇氣，令弟一個人無法下定決心，雙親必須適時給予指引。

一向忙於工作的令尊一定不曉得該如何與家人相處，也不知道如何關心迷途中的兒子。他知道自己該做些事，卻不曉得如何做才好……面對這樣的父親，也要協助他整理心情。從各方面看來，你們的家庭現在正逢多事之秋，但這也是能讓令尊好好思考如何與妻兒相處的大好機會。

轉念一下，就會發現家人能做的事很多，一定能找到解決方法。

持續照顧孩子的「心結」

Q 小犬已繭居七年，超過二十五歲了。正常的情況下，應該是個獨立自主，在職場工作的社會人士，但是他到現在還跟我拿零用錢。這樣的情況要持續到什麼時候？身為父母的人，可以像這樣一直無微不至的照顧孩子嗎？

A 身為父母的您，內心一定極度不安。您是否覺得令郎還沒辦法自立，是個軟弱無能的孩子呢？只要您這麼想，就必須一直照顧他。

您們的親子關係已經陷入惡性循環的窘境。孩子還不夠成熟自立，什麼事都不會做，父母就認為必須照顧孩子、守護孩子。父母再繼續這樣無微不至地照顧，孩子永遠無法邁向自立之路，永遠處於無能、幼稚的狀態。

不想再繼續這樣的惡性循環，雙親必須改變觀念。令郎雖然現在繭居在家，但是他並非天生無能，應該有能力自立。因此，雙親最好稍微控制一下，不要過度照顧他。

站在孩子的立場，沒有雙親的幫助，靠自己做事時，心裡會極度不安，因此他會用盡各種手段，只為了讓父母伸手幫忙。可是，雙親絕對不能中計。拒絕孩子的請求，堅持不伸手援助，其實是對孩子的信賴。當孩子明白而且接受父母的這份心意，就會放下對雙親的依賴，下定決心自立自強。

根據我的經驗，孩子並沒有那麼無能，無論看起來多麼差勁的孩子，也有其優點。首先，請和令郎商量減少零用錢的額度，然後告訴他：「你必須學習獨立，雖然無法突然間獨立，但你至少要讓自己慢慢回歸社會。我相信你具有成為獨立自主社會人的能力。」請語氣堅定且肯定地告訴令郎。

繭居族與日本文化

放眼全球，找不到第二個國家的繭居人口像日本這麼多。

我一直與歐美國家或亞洲地區的專家交流，每個國家都有無法離開父母生活，終日待在家中，不擅與人交際的年輕人存在。這種現象已經是超越文化差異的普遍趨勢，可是，找不到任何一個國家的繭居族人數像日本這麼多，而且其他國家只有部分專家在討論這方面的議題。唯有在日本，媒體廣泛地討論著繭居族這個嚴重的社會問題，不僅專家重視，連一般市民和行政機構也參與討論。韓國的情況可以說與日本很相似，年輕人的繭居問題跟網路上癮症同樣受到注目。

日本文化存在著幾項製造出繭居族的導因，包括日本式的親子相處模式、學歷至上主義、群體優先的獨特日本式人際關係等等。

第一個導因，是永續存在的親子相處模式。

親子互相扶助的觀念是日本傳統文化的特徵，無從斷論好壞。這樣的觀念不是日本僅有，韓國等亞洲地區、歐洲的拉丁文化圈也存在這樣的觀念，只是日本特別顯著。

在歐美國家，孩子大概在二十歲左右就會離開父母羽翼，獨立生活。親子之間的羈絆當然是持續一輩子，親子關係也不會因此淡化。若試著比喻，這個時候的親子關係，就像是與學生時代的好友，或是舊情人的關係。在過去確實是自己生命中非常重要的人物，但是關係結束了，對方就成為故人。如果再相遇，彼此會非常懷念；知道對方生活困苦，則會極為心痛。可是畢竟關係已經結束，就算對方遇到問題，頂多也只是給對方一個擁抱，並不會伸手援助。

「牽絆」是日本文化的組成核心。戰後的復興事業、大地震等災害後、感覺痛苦的時候，人們都是互相扶助，一起度過難關的。日本人認為，在死之前，親子關係都一直延續不斷。這樣的觀念，正是其他國家文化無法仿效而日本足以自豪的傳統。可是，絕對不能做得太過火。

很遺憾地，不管在哪個時代、哪種文化之下，因為種種理由而人際關係不睦、無法充分適應社會生活的年輕人，都佔有一定比例。他們身上所顯現的特徵，會因文化差異而有所不同。在以獨立為前提的歐美社會，人們認為孩子長大後一定要離開家庭，因此一個人若無法適應社會生活，會被社會孤立，成為無家可歸的遊民。在以家人相互扶持為前提的日本社會中，這樣的年輕人則會窩在家裡，成為繭居族。繭居族和遊民究竟誰好誰壞，無從論斷，兩者之間只是繭居的場所不同而已，根本的問題是相同的。

以銀髮族為對象、假冒親人的詐騙電話之所以如此盛行，背後就是有著不管孩子多大、只要孩子遇到困難，雙親都會伸手援助的日本傳統文化在推波助瀾，這也是其他國家所沒有的日本社會特殊現象。繭居族是這個傳統文化的矛盾產物之一。

在日本，人們認為孩子諸事不順的責任在於父母，因此無論孩子幾歲了，雙親都要盡責照顧孩子，結果便催生出繭居族。

第二個導因，是學歷至上主義。對任何一個社會而言，學歷確實重要，但是在日本，學歷至上主義卻在孩子面臨人生的重要分歧點時——也就是孩子將從高中畢業，正要學習如何離開雙親羽翼呵護、開始自立的十八歲左右的摸索期——造成了重大的影響。孩子這時候才剛啟動自己的引擎，卻要他們在這樣的年紀對未來做出選擇，對於剛啟動的引擎而言，勢必負擔沉重，無法做出判斷。

孩子只要仔細思考，當然能自己做出判斷，可是因為情勢太急迫，只好由雙親為孩子下決定，孩子在就讀的學校遭遇挫折，就會責怪父母：「我其實不想讀這所學校，是你們幫我做決定的。」雙親也擔心孩子會在學歷競爭的戰鬥中吃下敗仗，明知道應該給孩子時間思考，但因為情勢緊迫，忍不住又將自己的引擎借給孩子。結果，孩子的引擎遲遲無法啟動，想要求他們離開雙親而自立，難度更高了。

第三個導因，是群體優先的獨特日本式人際關係，這也是讓孩子難以在外面的世界找到容身之處的原因。歐美文化受到追求獨立的宗教精神所規範，身處其中的人，要透過超越現實的神與人類所簽定的個人契約，來證明人的自我存在價值，因此，當自我存在被神捨棄時，就會面臨危險。

在日本的群體社會中，「人群社會」取代了神，也就是說，有屬於自己的容身之處是證明自我存在的重要關鍵，能在「人群社會」中生存，代表生命有意義，確保容身之處便成為能否生存下去的關鍵。一旦因為違法被拒絕往來或遭霸凌而被群體疏離，自我存在將陷入危機。失去自我容身之處的繭居族，也是相同的狀況。

在歐美社會，所謂的獨立是離開孩提時代的家庭，自行成家、獨立生活，不再與原生家庭在一起。他們深信自己的能力，就算只有自己一個人，也能順利飛向外面的世界。

反觀日本社會，對於自立的定義是「與原生家庭在經濟上分離獨立」，並非全面地分離，只是持續一輩子的親子牽絆的關係，比起孩提時代略為不親密而已。所謂「出社會」，在日本並非靠一己之力飛向社會，而是在社會中（自我所屬的團體）建立自己的

「容身之處」，並以成員之一的身分，在團體中行動。

因此，初出社會的人，在將自我要求清楚告知對方（堅持自我主張）之餘，還要學習如何敏銳地察言觀色，以及懂得配合大家、再決定自我行為的柔軟身段。這就是日本文化所要求的高級處世術。

在以獨立為目標的歐美文化中，人們不太會察言觀色。以日本人的感覺標準來看，會認為所有歐美人士都是ＫＹ族（不會察言觀色）。日本人在青春期時，會很擔心自己是否被歸類為ＫＹ族，因為是否為ＫＹ族不是由自己論定，是視現場氣氛而定。

歐美年輕人認為，能夠擁有自我意見並且勇於表達及堅持，是好的品格。相較於日本，歐美的年輕人個性單純多了。日本年輕人必須同時培養勇於主張自我意見的主動性格，以及會察言觀色、懂得與他人協調的被動性格，這兩種性格是完全矛盾的。這實在是一道高難度的課題。我認為日本人很厲害，因為許多年輕人都成功地培養出這兩種矛盾的性格。無法順利培養這兩種性格的年輕人，其人際關係會陷入緊張不安，若自己一再失敗，最後就有可能成為繭居族。

因此，繭居族的問題根源絕對不是只在當事人、學校和家庭，日本文化特質的影響力也不容小覷。

夫妻不睦的「心結」

Q 小女已有很長一段時間繭居在家，還對我說：「都怪你們的教育方式不對，你們毀了我的一生。」我與外子關係不睦，正在分居中，孩子會這麼說也沒錯。我覺得女兒很可憐，我該向她說聲抱歉？還是不理她？

A 雙親如果有辦不到的事，就直接對孩子說聲「對不起」吧。

雙親感情不睦，會對孩子造成以下的影響：

第一點，雙親吵架的情景會對孩子造成心理創傷。當雙親以語言或暴力彼此傷害，或是彼此陷入冷戰，或是不斷離家出走，都會在孩子的心裡留下創傷。雖然這些都不算大事，但一再發生的話，會讓孩子內心的恐懼感不斷升溫，最後心裡一直懷著不安及恐懼的感受。

第二點，原本應該關係親密的家人彼此關係不和，還彼此傷害，孩子看在眼裡會有樣學樣。青春期正是孩子憑自我能力走向獨立，開始與外人建立親密關係的時期。當雙親彼此傷害的行為成為身教，孩子內心就會極度缺乏安全感，不曉得自己是否能完全地信賴別人。

第三點，與孩子感情較親近的一方，會把孩子視為自己的同黨，也把孩子捲入夫妻紛爭中。通常母親對於丈夫的厭惡感，總會有意無意地投射到孩子身上，孩子想得到疼愛，就會跟母親站在同一陣線，一起仇視父親。當孩子從父母身上學到這類「憎恨並疏遠原本應該很親近的人」的態度，就會以相同的態度對待自己的朋友。

當這樣的情況長期發生，就會導致孩子對父母懷有怒意。會表現出來的孩子，就容易大發雷霆；無法發洩的孩子便將攻擊力藏在內心深處，變成沉默的憤怒能源，活得很痛苦。於是，孩子的身體出現狀況，還可能會出現問題行為。這樣的孩子在成長過程中，便背負著極大的親情包袱。

請父母對於夫妻關係不睦這件事，坦率認錯，並對孩子說聲抱歉。要求雙親承認自己有錯，是非常痛苦的事。父母會擔心可能有損威嚴，還被孩子瞧不起。不過，這樣的想法並不正確，反而是不肯承認自己有錯、無法誠心向孩子認錯的父母，才會被孩子看輕，失去孩子的尊敬。

父母在孩子面前表現出面對現實的勇氣，孩子也會因此而生出勇於正視眼前現實的勇氣。雙親願意對自己的人生及夫妻關係負起責任，孩子也會對自己的人生負責。成長過程中會遭遇各種逆境，但如果一味認定是這個逆境毀了自己的人生，這就是推卸責任的想法。令嬡確實背負著沉重的心理包袱，可是也有許多孩子雖然父母感情不睦，卻依舊很有活力，沒有成為繭居族。

重點在於雙親要表現出積極進取的態度，不要一直抱怨，而是往前看。您和先生關係不好，確實令人遺憾，但現在已經是三對夫妻中就有一對夫妻離婚的時代。夫妻感情不睦並非特殊事件，而是稀鬆平常的事。本來雙親應該要百年好合，萬一關係不睦，坦然向孩子認錯便是。

就算夫妻感情不好，您也不必因此失去自信或感到自卑。您絕對不能認同孩子將自己失敗的責任推給父母的態度。不過，請您體諒孩子內心的苦，雙親的苦就自己承受，別再波及孩子。父母和孩子都要養成對自己做過的事負責的態度。

雙親不要因自己的失敗而悔恨、喪失自信，若能表現出承認自己能力有限、認清自我缺點，卻依舊勇往前進的態度，孩子也會以您為榜樣。如此一來，就算孩子在人際關係中受到傷害，也不會脫離社會、繭居在家，而是選擇勇敢面對人際關係的難題，並加以克服。

雙親攬責的功與過

若孩子已在成長，雙親卻還繼續將一切責任攬在身上，孩子將永遠無法擺脫繭居狀態。這個世界充斥著危險。在青春期前，雙親會盡全力扛起責任，保護孩子遠離危險的傷害。孩子長大成人後，就必須憑自己的力量保護自己。

關於將自我保護的責任從雙親手上轉移至孩子身上，何時是最佳時機，確實很難判斷。到了青春期，等孩子具備了某種程度的判斷能力，雙親就可以慢慢放手，讓孩子為自己負責。放手的時間點過早，等於讓孩子曝露於危險中，恐會危其生命。相對地，若放手時間點過晚，孩子會無法獨立，雙親持續對孩子的行為攬責，孩子將失去學習為自己負責的機會，永遠把責任推卸到父母身上。

最佳的作法是雙親稍微退一步，嘗試讓孩子扛起自我保護的小小責任，在不會造成致命傷的情況下，讓孩子嚐嚐失敗或受傷的滋味。讓孩子反覆體會這樣的經驗，自然就能學會如何自我保護。

最容易令雙親感到迷惘的是孩子的成長程度，因為沒有明確的基準，雙親只能憑自己的感覺來判斷。如果雙親在年輕時曾有過克服傷痛的經驗，就會深信自己的孩子也能度過難關，並且放開保護之手。倘若雙親現在仍未克服當初承受壓力的傷痛或不安感受，就會錯失孩子的成長徵兆，永遠想要攬下責任、保護孩子。

雙親就算沉默不語，孩子也能感受到您們的心情。當雙親保護孩子時，等於告訴孩子：「這孩子現在還不會自我保護。」孩子也會以為自己沒有自我保護的能力，便一直躲在父母的保護傘下。

繭居族就是在外面的世界受傷，因為受不了，而撤退至「家」這座堡壘，又為了不讓自己再受傷害，所以整天窩在家裡。一旦堡壘架設完成，便再躲回所謂雙親責任的懷抱裡，放棄為自己負責。還抱怨父母：「都是你們，我才會變成這樣。」父母一旦接受這樣的抱怨，就會更想攬下責任，結果反而讓孩子成為繭居族，失去重返外面世界的機會。

父母被孩子指責時，會變得軟弱，因為多數父母會認為孩子說的沒錯，父母自己有許多問題，確實也帶給孩子困擾。父母會認為事情或許就如孩子所言，因此在孩子能自立前，一定要扛起身為父母的責任，好好照顧孩子。

身為父母，絕對不能當弱者。在雙親為孩子的生活負責的期間，孩子永遠學不會為自己負責。因為孩子無法踏出自我放任的世界，只好把責任推卸至父母身上。

世上沒有完美的雙親，也沒有完美教養下的孩子。父母也是人，本來就不完美。父母給孩子的東西本來就是好壞交雜，不可避免地會給孩子他不喜歡的東西，可是，應該也給了孩子許多他喜歡的東西。

當孩子抱怨「因為你們，我才變成這樣」的時候，先不要否認或反駁。孩子會這麼說，一定有其原因。針對這部分坦率承認，向孩子說聲對不起。不過，有件事情很重要，身為父母的人一定要做到，孩子認為變成現在這樣是父母的錯，這是錯誤的想法，請明確地向孩子否認這件事。

否認這件事後，別忘了鼓勵孩子。「你也擁有許多優點，你絕對有能力。」、「你不該藉助父母的力量，就憑自己的能力嘗試去做些你現在能做的事吧。你一定可以振作起來，絕對沒問題，就大膽挑戰看看！」

父母像這樣接納孩子的心情，承認自己有責任之時，也能幫助孩子不要把責任都推卸給父母，讓孩子產生為自己扛下責認的新想法。在包容孩子的同時，別忘了要伸出手將他們往前推一下。

家人缺乏溝通的「心結」

Q 弟弟長期過著繭居族生活，已經失去踏入社會的自信，也不曉得如何在社會立足，每天只會責備家人。

我們的家人關係原本就不睦，是個缺乏溝通的家庭。就算家人出了問題，全家人也不會討論該怎麼辦，尤其是父親，從來都不管家裡的事。結果，變成母親一人在照顧弟弟，還要聽他發牢騷，一發牢騷就是好幾個小時，一直在責備父母過去的教育方式錯誤。

A 令弟如此責備母親，儼然父母被孩子「吃定」了，令堂現在的心靈相當脆弱。首先，令堂一定要放開令弟的手。解決問題的關鍵在於令尊，但是他一直置之不理，確實很讓人困擾。

人不斷累積成功或失敗的溝通經驗後，就能擁有社會性。家人間的溝通是最佳的練習舞台，當家人疏於溝通，就失去了練習的機會。

這時候，身為姊姊的妳就成為關鍵人物。原則上解決繭居族問題的重要關鍵在於父母，兄弟姊妹最好不要直接參與。可是，為了引導出父母的力量，必須讓手足之力發揮出來。

首先，請姊姊跟父親溝通。要說服完全不理會家務的父親，難度甚高，但如果真的為家人著想，令尊應該能理解，也會願意出一份力。請明白告知令尊，不要把問題全推給母親，由父親與弟弟直接溝通，才是解決之徑。

父母憂鬱的「心結」

Q 小犬成了繭居族，幾乎足不出戶。我已與前夫離婚，跟兒子相依為命。小犬白天不是看電視，就是窩在房裡打電玩，我與他的話題只有電視新聞。

如果我不順他的意，他在用餐時就會丟下筷子，躲回房裡。已經分手的前夫也是一樣的臭脾氣，只要不合他意，就朝我丟煙灰缸或電子鍋，還會扯斷電話線，每次看到兒子的暴力行為，就讓我想起那時候的恐懼及失落感。

我有輕微的憂鬱症，已經開始在服藥。我也不想上班，經常感到焦慮。因為兒子對我說：「媽，妳不能一直這樣下去。」我便藉機勸他念定時制高中或接受函授課程，他似乎頗有興趣。可是，只有在我跟他提起時會有反應，後來他也沒再說什麼……他應該只是在敷衍我吧？還是我該為他準備考試要念的書，拿到他面前叫他開始讀書？我又怕我多管閒事，會不會更把他逼向牆角？我是不是過於焦慮了？

A 您並不是過於焦慮。因為令郎對您說：「媽，妳不能一直這樣下去。」您當然也會想幫助他，希望他往前邁出一步。關於高中入學考試一事，母子兩人好好地溝通，應該能想出好辦法。不過，不該是由父母單方面在準備，因為該向前走的人是令郎，請與遲疑不決的令郎好好溝通，現在開始還不遲，一定能找到他能夠勝任的事。

不過，在和令郎溝通之前，請您先治療您的心。

為了讓停滯不前的兒子往前走，兒子與母親都需要許多的心靈能量。現在您的心處於「憂鬱狀態」，心理功能變得遲鈍，就無法心想事成。以這樣的狀態處理兒子的問題，只會把事情變得更糟，陷入惡性循環中。

要讓兒子遠離繭居生活，需要正向循環的力量。譬如告訴孩子：「你沒有必要過這樣的生活，你絕對擁有前進的力量。想念高中，有很多路可走，比如念定時制高中或接受函授課程。選擇非正式管道也可以。」您要給孩子肯定與安全感。

可是，當母親自己也陷於焦慮，意氣消沉時，就會對孩子說：「你該怎麼辦才好？媽媽實在不曉得該拿你怎麼辦才好。你不能繼續這樣下去，否則會沒有未來。」你把自己的不安及焦慮感全部轉移給孩子，就會陷入惡性循環，孩子也會變得焦躁及暴力，整天都窩在房裡不出門。

您似乎曾受到前夫的家暴。您的心理創傷必須先得到醫治。如果您沒有接受治療，過去的恐懼感將會跟隨著您，在您心裡，當時的經驗會與現在您和孩子相處時的經驗牽扯在一起，當您看見令郎似乎要使用暴力時，即使不是大動作的暴力，也會喚起您過往的可怕回憶，這就是所謂的「記憶倒帶」。雖然您知道一定要面對孩子的問題，卻因記憶倒帶而導致您無法面對自己的孩子。

首先解開媽媽您心中的「憂鬱心結」吧！只要媽媽恢復心靈健康，令郎一定能拿出勇氣面對未來的人生路。

父母失去自信的「心結」

Q 弟弟的繭居族資歷超過十年。可是，家母卻一味拒絕找專家諮商。身為女兒的我即使勸她，家母總是以「妳弟的個性很特別，應該找不到能了解他心思的專家。」、「硬把妳弟拉到那種地方去，誰曉得會對他造成多大的傷害。他一定會再度封閉心房，絕對不能這麼做。」等理由強力拒絕。

我發現家母害怕去解決弟弟的問題。這個世上只有家母能以平常的態度對待弟弟。然而，家母從未以嚴厲的語氣對弟弟說：「出去工作吧！」我感覺要從家母這邊下手很難。連專家也說：「必須先改變令堂的想法……可是，令堂卻只是一味地逃避。」

A 令堂已經完全失去自信。她可能長年為令弟的事情苦惱，又或許有其他的事情困擾著她，她的心被傷得很深。在解決令弟的事情前，必須把「恢復令堂的自信心」這件事列為首要目標。

請身為女兒的妳先與令堂談談。總之，不必想一定要有令弟同行，由妳與令堂先進行家庭諮商。

妳要全力支持母親。在令堂自己與專家交談的過程中，能恢復她身為母親的自信心。這麼一來，她之前堅持「不可能」的想法就會有所轉變，開始認為「或許行得通」。

在妳看來，弟弟是繭居族，但其實真正的繭居族是令堂。因為令堂過著一般的生活，妳不覺得她是繭居族，但看得更深入的話，令堂心裡其實一直拒絕與人交流。從表達自己真正的情緒、與人交流的層面來看，令堂處於不信任人的狀態。可能她以前曾有被值得信賴的親密之人背叛的經驗，因此，她不會積極鼓勵令弟要與人來往，也認同於令弟的繭居生活。

只要解決令堂「心理層面的繭居狀態」，連帶的也能解決令弟的問題。如果令堂不願意去諮商，請妳先一個人去，然後，當妳確認這位醫生值得信賴、願意傾聽家人心聲，也能了解令堂認為個性特殊的令弟的心態時，請再度將妳的想法告知令堂。

儘管令堂無法相信陌生的專家，但她應該會相信女兒的話，而願意接受諮商。剛開始她一定充滿懷疑，心裡也認為別人根本不了解自己的兒子。這些都不是問題，妳不需要擔心。先讓專家抒解令堂的心情。令堂很需要累積信賴的經驗，讓她知道這個世界上真的有人能懂她的心，慢慢地她就會信任別人。

當這樣的信賴經驗稍微減輕令堂心中的不信任感後，她應該就會主動對令弟說：「出去工作吧！」、「找專家談談吧！」

心靈腫瘤理論

當人體有黴菌入侵，就會化膿，皮膚下面長出紅腫膿包，一碰就痛。如果是小膿包，可以透過人體先天具備的自癒力吸收黴菌，即使不治療也能自癒。可是，當膿包大到某個程度，自癒力無力抵抗的話，只好去醫院動手術取出膿包。這是身體的腫瘤。

心靈腫瘤也是一樣的道理。不悅的經驗、受傷的經驗、失敗的經驗等等，都會變成黴菌，在心裡積成膿包。膿包的實體就是「我是個沒用的人」、「我是個沒自信的膽小鬼」、「我是個差勁的人」等，完全失去自尊的負面想法。

當心靈腫瘤小的時候，我們可憑天生的精神能量、正面積極的經驗予以中和而自癒。可是，腫大至某個程度後，天生的精神能量無法吸收，就會殘留在心裡，因為一碰就會痛，並便用繃帶層層裹住，不去碰觸。哪天當某人無意間觸及到，就以「怒氣」來打倒外敵，並於四周築起防護牆，不准別人再碰觸。

腫瘤會痛，為了阻絕痛的感覺，繃帶會越裹越厚。如果只是這部分的感情被遮掩，還不會造成問題，但往往連周遭的情感機制也都被阻擋了。如果能夠只隱藏不願觸及的痛苦情緒，該有多麼完美，然而在現實中卻無法如此。只要阻擋某部分的情感，所有的情感都會被阻絕而失去作用。喜悅、開心、鬥志、衝勁、生存的希望、食欲、性欲、想睡的感覺等，所有人類為了生存必須擁有的積極情感全部被隔絕，無法產生作用。這就是所謂的「憂鬱狀態」。

治療身體腫瘤時，要用手術刀切開來治療。治療當然會痛，如果在不衛生的環境下切開腫瘤，化膿情況會更嚴重，這時候絕對需要技術優良且值得信賴的醫生，以及安全的衛生環境。

治療心靈腫瘤時，最需要的是不會向外人透露傷口資訊、確實保密且不會對傷口進行批判或否定的安全環境。如果不是打從心底願意信任的人，千萬別把手術刀交給他。心靈腫瘤的實體，是失去自尊心的羞愧情感經驗。這樣的記憶必須慢慢地切開，並化為語言說出來。

*

下文就是一個治療心靈腫瘤的案例。某位男性心裡一直存在著一顆「我家很窮」的腫瘤。從小「家裡窮」這件事就是全家人的恥辱，而且全家人都很有默契，絕不會讓這個家醜外揚。後來這名男子結婚了，新婚之初沒什麼問題，但是不久後，婆媳問題就浮出檯面了。站在媳婦的立場，很想與夫家的公婆疏遠，也對他們有所怨言。這其實就是一般家庭常見的婆媳問題。

然而，這位丈夫無法原諒太太說夫家的壞話。尤其牽扯到夫家的經濟狀況時，他總覺得妻子在嫌自己的家很窮。每當妻子談到這些，這位男子就會突然大發雷霆，並極力反駁：「我家才不像妳說的那樣！」他的言行當然也讓妻子受傷了。其實根本不是什麼大不了的事，只是對夫家的事發了一些小牢騷，丈夫竟然如此生氣，還大聲喝斥自己，讓這位妻子覺得丈夫很護他的家人，自己卻好像外人一般，感覺很孤獨。其實這位丈夫很愛妻子，他也沒有要袒護自己家人的意思。

當這種情況不斷發生，妻子便覺得丈夫不值得信任，夫妻關係便因而冷淡。其實丈夫根本不想這樣，只是他不想讓隱藏在內心深處的那顆「我家很窮」的腫瘤被人觸及，才會覺得妻子是在批評夫家。即使只是小事一件，也會覺得像被人碰到傷口般痛苦，而對妻子發脾氣，但他根本沒有蔑視妻子的意思。

這對夫妻一起來諮商，我問了許多關於丈夫家裡不准被提及的事情。這位丈夫在我和他妻子的面前敞開了心房。其實對這位丈夫而言，要他把長期以來不願碰觸的家務事說出來，他心裡是抗拒的。可是，因為我們已經建立了不會批評他的安全感及信任關係，在幾次的面談時間裡，這位先生才平靜地娓娓道出。問過以後，才知道他的家庭並不是真的很窮。在那個時代，大家都很窮，貧窮根本不是可恥的事。

這是從客觀角度來看所謂的「貧窮」，但這位先生從未如此想過。當他把這些事都說出來以後，才察覺到自己一直以來都被不能告訴別人「我家很窮」的家規所束縛。當他願意說出口時，代表他已經從束縛他的家規中解放出來了。

這位妻子聽到了丈夫所說的話，終於明白為何每次她在說夫家的不是時，丈夫都會袒護夫家。丈夫並不是不願意保護她，而是夫家長久以來的那顆心靈腫瘤在作祟，經過數次的面談後，夫妻兩人終於盡釋前嫌。

Part 3

讓雙親恢復自信

給予孩子優質的愛與認同

Q 丈夫離開人世已十多年了。我一直都忙於工作，對孩子的照顧稱不上呵護備至，因為我認為照顧孩子到他念大學，就算是盡了為人父母的責任。孩子很感謝我的照顧，可是他卻成了繭居族。我很後悔，難道是我給他的母愛不夠嗎？我絕對是造成孩子成為繭居族的原因之一。孩子會成為繭居族，真的是因為父母給的愛不夠嗎？

A 孩子會感謝妳，表示妳給他的愛是足夠的。請相信孩子說的話。若要論哪一種愛有所不足，那就是妳對愛自己的自信心不足。而且，對自己的愛，與妳該給孩子的愛並不一樣。

許多父母常會擔心給孩子的愛不夠，然而事實上，繭居族家庭缺乏愛的情況並不常見，反而是給了孩子過多的愛。愛的重點不在於量，而在於質。

到底何謂愛？愛有各種定義，我在此將愛定義為「珍惜你、喜歡你、打從心裡認為你是好人的那份心情」。再詳細分類的話，愛可以分為三種。

1．依存之愛

不能沒有對方，把對方當成生命意義的愛。夫妻之愛或伴侶之愛，就是這樣的依存之愛。有時候父母對孩子也會產生這樣的感情。對雙親而言，養育孩子是他們唯一的功能，孩子的存在等於是其生存意義。因為對方是自己生命中不可或缺的個體，一旦不存在就會感到困擾。萬一伴侶之間這樣的意識過度強烈，就會害怕失去對方，因而彼此緊抓不放，形成「相依共生」的狀態。若親子之間的依存之愛太濃厚，將令彼此無法分離，孩子永遠無法脫離父母而獨立。

2．充滿不安的愛

因為太珍惜孩子，進而擔心孩子是否過得好？會不會失敗？是否會變成沒用的人？因為害怕孩子失敗而保護他，總想走在孩子前面，為他鋪好所有的路。當孩子還小時，身為父母的人這麼做沒問題，可是等孩子到了青春期，還繼續給他這種充滿不安的愛，孩子將永遠無法脫離父母的保護傘。

3．充滿安全感的愛

關心孩子的優點及成長狀況，並且衷心認為孩子具備克服難關的能力。當雙親傳達安全感給孩子，孩子也會感到安心，而建立自信。孩子相信就算不依賴父母，自己也能把事情做好，於是他會安心地離開雙親的保護傘，也深信身邊的人都會認同自己，並走入人群中與大家和樂相處。

您的丈夫已辭世，不再擁有所謂的夫妻之愛，這確實是件讓人感到悲傷的事。儘管如此，您還是給了孩子滿滿的愛，您真是了不起。不過，您給的愛有些偏頗，您似乎擁有太多充滿不安的感情，缺乏充滿安全感的愛。請您務必給予孩子優質的愛。

您擁有著與另一半愛意無限的回憶，孩子也對您抱持感恩的心，表示您本來就擁有滿溢的愛情泉源。可是，當這座愛之泉披上不安的濾網，您創造出來的愛就會變成憂心忡忡的愛。如果您製造的愛之泉是流經安心的濾網，您就會認同孩子，也能帶給孩子安全感及自信心。

那麼，該如何認同孩子？請看下一個案例。

啟動孩子的引擎

Q 小犬竟然對我說：「我不想上學，我想休學。」我問他：「大學休學後，你想做什麼？要去工作嗎？」他說：「我什麼都不想做，我也不想工作，就維持現在的樣子。」當我說：「沒有工作，怎麼生活？」他竟然說：「無法生活也沒關係。」無論我說什麼，他總是以擺爛的態度回應，真的很傷腦筋。

站在父母的立場，當然希望他能繼續上大學，就算要休學，也應該要找到自己想做的事，或去工作。不過，現在我根本無法與小犬溝通。就算念他，他的回答永遠一樣：「我什麼都不想做，你不要管我，給我出去……」問題根本無法解決。

如果可以，我想要彼此好好溝通，慢慢說出心裡的話，以解決問題。現在的情況，我該如何因應呢？

A 請先想想，為什麼令郎會說：「我不想上學，我想休學。」理解問題的癥結很重要。

令郎之所以提不起勁，背後一定有說不出口的隱情，首先務必解開這個心結。

親子溝通絕對是必要的。由於現在不管您說什麼，他都擺爛，您當然會心急，他被逼急了就會生氣地說：「我什麼都不想做，你不要管我，給我出去！」結果讓親子關係陷入負面的惡性循環。為人父母之所以心急，是來自於父母焦慮與不安的情緒。

您要想辦法讓孩子願意往前走。請您問他：「你剛剛說『我什麼都不想做，就維持現在的樣子』，我不可能讓你這樣過生活的。為什麼你不想上學？為什麼不想工作？可以告訴我原因嗎？」這時候，您千萬不能表現出著急的樣子，也不能發脾氣。孩子的內心一定隱藏著痛苦的情緒，要讓他把心裡的痛說出來。他也很痛苦，所以不太願意開口。

以下介紹一個我處理過的相關案例。這是一位意志消沉的年輕人的例子，在讓他抒發內心痛苦、說出不太願意說出口的心事後，人也變得開朗了。

B君成為繭居族後，他的母親就非常擔心，而且孩子變得不願意與她交談。就算父親問他話，他也裝作沒聽見，什麼話都不說，搞得爸爸最後生氣地說：「隨便你好了！」

這對父母來找我面談。父親和母親都非常焦急、不安。在與雙親面談時，我先仔細詢問了兩人的心情。面談的過程中，我發現在B君擺爛的態度背後，隱藏著他自己也無法說出口的怒氣，以及他的毫無自信。當我點出這個癥結後，雙親便不再怒氣沖沖地面對孩子。

這位父親說服B君來做諮商。剛開始B君拒絕諮商：「我不想去那種地方，沒什麼話好說。」但因為父親一再說服，最後答應只來諮商一次。

剛開始是親子一起面談，B君對於諮商師的問題，一律做公式化的簡短回答，看得出來他不是很開心。於是，我請雙親到候客室等待，並與B君做一對一的面談。B君在雙親面前好像無法侃侃而談，可是只剩下他一個人時，卻說了好多話。聽了他一些心裡的話之後，我告訴他，很高興他今天願意與我分享心事，我還想聽更多關於他的故事，希望可以預約下次的面談會診，結果他竟然當場允諾。

下一次是他自己一個人來，向我傾訴了各種內心的感受。他很氣父親。他念國中時成績很好，還考取兩所高中，他想去念棒球實力堅強的E高中，可是父親卻要他就讀升學率佳的F高中。其實他根本不想念F高中，可是當時不敢告訴父親這件事。因為那時候他對自己的判斷能力沒有自信，只好聽父親的話，就讀F高中。

可是，成績水準高的F高中全是優秀的學生，上課的內容也很艱澀，B君的成績無法像國中那樣亮眼。雖然加入棒球社，卻遭到學長霸凌，社團活動不好玩，上課內容也無趣，自己確實不適合這所高中。從此以後，就喪失了上學的意願。

經過好幾次這樣的面談，B君吐露了許多心事，可是這些話他還是不太能對父母說。雖然他還在生父親的氣，但因為畏懼父親，與父親面對面時根本不敢說出真心話。因此我告訴B君，我想幫他向父親轉達他的心情，他也答應我這麼做。

於是，下次與雙親面談時，我說出了B君的想法。雙親也終於能體會B君的心情。B君雖然不敢對父親吐露心事，卻曾把心事告訴母親，不過當時雙親都認為是兒子在撒嬌，並沒有認真回應。

經過幾次的面談，意志消沉的B君終於提起幹勁了。現在他常和國中生涯相處愉快的棒球隊友們見面，週末還會相約打草地棒球。這樣的生活持續了大約半年後，他終於再度拾起荒廢已久的課本。而且，他也再度挑戰原本已經放棄的升學考試，雖然沒有考上第一志願的大學，但也順利地成為了大學生。

雙親的認同會讓孩子產生自信

以下是我與某位母親的面談情況。

田村：您家孩子的活力引擎好像還沒有上軌道。這段期間，為人父母者要扮演好兩個重要的角色。

一個是「關心的角色」——當G君的引擎停止運轉時，要表現出關心的態度，找出失敗的原因。

一個是「認同的角色」——當G君的引擎開始運轉時，要給予肯定，告訴他：「對，就是這樣，繼續維持。」

您把關心的角色扮演得很好呢！

母親：是的。我總是擔心他是否有好好吃飯，有沒有營養均衡，身體是否健康，還有零用錢夠不夠花。

田村：三餐和健康等問題，那是大藏省（現在改名為財務省）要負責的。當然這些事情也很重要，就請您好好關心，因為G君還滿孩子氣的。

不過，在承認G君還是小孩子的同時，也希望您能認同他堅強的一面。不過，媽媽似乎不太擅長扮演認同的角色。

母親：到底孩子做的什麼事，我們要給予「認同」呢？我從以前就不擅長對孩子表達感情，這個問題也是一直困擾著我。

現在回想，我自己從未有過被雙親讚美或認同的經驗。小時候因為弟弟身體孱弱，母親將全付心思擺在弟弟身上。家父與家母的感情並不好，又加上跟婆婆一起住，我想家母心理壓力很大。我身為姊姊，什麼事都是自己一手打理，家母看我什麼事都會做，也就不理我了。後來我長大了，未曾從家母口中聽到一句讚美的話，家母就離開人世了。家父工作忙碌，幾乎不管家裡的事。

田村：所謂的「認同」是一種感覺，假使你並不這麼覺得，只是把「你很努力喔！要繼續加油！」掛在嘴邊，會讓人覺得很假。想認同別人，重點在於自己必須有過受到認同的經驗，曾經得到他人認同的人，會在無意識中很自然地認同別人。如果不曾有過受到認同的經驗，就算勉強自己去認同孩子，表現出來的態度就是不夠真實，無法讓孩子信服。

母親：我從未得到雙親的認同，要我扮演認同的角色確實很難。在我的記憶中，只有一次因為雙親的讚美而感到開心，那是我考上大學的那一天。

田村：您終於想起曾被讚美、受到認同的回憶了。這是一件好事。當時是什麼情況？請您仔細回想，並說出來與我分享。

母親：我告訴父母，我考上大學了，父親對我說：「恭喜！」還握著我的手。

田村：那時候您是什麼樣的心情？

母親：其實我並沒有考上第一志願。但畢竟是考上了，也不曉得是否真的很開心。可是，當父親握住我的手時，我才確信自己真的做了一件很棒的事。

田村：沒錯，那個感覺很重要。您現在終於能想起如此重要的回憶。G君現在就是需要建立這樣的回憶與感覺。他現在意志非常消沉，認為自己落後大家很多，雖然引擎已經啟動了，卻擔心是否能繼續正常運轉，也擔心現在才起跑是否太遲了，自己的人生是否已經崩盤了。

G君現在正在尋找能對他說：「就算落後別人也沒關係，只要以現在的狀態繼續往前就可以，你絕對沒問題。」並且給予他認同的人。身為母親的您，已經能想起過去獲得認同的回憶，您一定能扮演好認同G君的角色。

母親：好的，雖然沒有自信，但我會努力試試看。

於是，我先認同了這位不擅長給予別人讚美及認同的母親。然後，這位母親終於也能夠讚美並認同自己的孩子。這就是認同的連鎖效應啊！

拯救孩子的家庭力量

對於繭居族的孩子，家庭能做的事情很多。

許多父母為了長年繭居在家的孩子絞盡腦汁，做了各種事，但孩子的情況並沒有改善，父母便因此灰心喪志，決定放棄孩子。

其實每個孩子都有自我成長的能力。就算孩子到了青春期仍無法擺脫萬能自我世界，終日繭居在家，但若能讓孩子累積各種體驗，他還是會逐漸地培養出自我的社會性能力，而遠離繭居族生活。這段過程要讓孩子自己去嘗試與經歷錯誤，他才能擁有自我能力，父母不能直接援助。

不過，家人可以用間接的方式，為孩子的成長打下穩固的根基。雖說是間接的方式，卻是非常重要的過程，將會發揮無比強大的力量。具體重點如下所述。

．給孩子優質的父母之愛並予以認同

不要給孩子充滿不安全感的父母之愛，而是充滿安全感的愛。

・雙親要擺脫不安全感，培養安全感

雙親必須自己面對人生中的不安，與悲傷、憤怒、不安等情緒和解。

・父性與母性要搭配融洽

不要把教養孩子的責任全推給母親，優質的父性是引導孩子勇敢進入社會的原動力。

・活化夫妻之間的溝通關係

夫妻之間要經常面對面溝通，一起克服困難，作為孩子的榜樣。

・慢慢放下父母的保護傘

父母要認同孩子的自立能力，慢慢放下你們的保護傘，不要什麼事都搶先幫孩子安排好。

・讓孩子安全地受傷

在孩子的成長過程中，萬一受到傷害，雙親不必過度擔心，在遠處守護即可，一定要讓孩子有受到挫折的體驗。

・家庭要與社會有所聯繫

關於孩子的問題，不要想關起門來在自家解決，請向支援機構或諮商機構求助。

・**家人要重拾自信**

身為父母，不是只有失敗的部分，多想想成功的經驗，就能重拾自信。

・**雙親停止為孩子扛責任**

雙親要讓孩子自己扛起失敗的責任，如果一直幫孩子扛責任，他永遠學不會自我負責。

關於上述的家庭力量，將於本章節的內文透過提問的方式，詳細說明。

面對社會的信心來自於受傷經驗

Q 姊姊自高中畢業後旋即開始繭居。由於爸媽、妹妹和我都沒有勇氣直接跟姊姊談，持續放任的結果，到現在已經三年了。

有時候我真的很想找人商量，但都無法鼓起勇氣來談論自己的姊姊是繭居族，這也使我變得無法對人坦白，造成自己建立人際關係的障礙。由於我對於姊姊是繭居族感到羞恥，連在朋友面前也不敢提起，但同時，我對於持續偽裝自己也覺得很有罪惡感，我是否應該鼓起勇氣向周圍的人坦白一切呢？

A 是的。請鼓起勇氣跟你最信賴的朋友商量你姊姊是繭居族這件事。

人與人之間的相處，如果直率地說出自己想說的話，一定會受到傷害。受到傷害會心痛，任誰都會試圖迴避，但其實這是最好的成長機會。受到傷害是成長必經的過程。

我在青春期的時候也曾受朋友欺負，當時因為某些原因被朋友傷害，但對方可能一點都不覺得是在欺負我。記得當時，我覺得受到否定而傷心，趁著晚餐時刻對父母哭訴，但我的父母沒有特別說什麼，只是平靜地聆聽並接受我說的話。其實我自己也知道對父母講這些並不會改變什麼。

事情過後，我曾避開那個欺負我的朋友好一陣子，每天帶著不愉快的心情去學校，但每天都經歷好多不同的事，久而久之，心中的芥蒂就自然消失了。不只是青春期，人就是在不斷經歷傷害的過程中，學會對這些傷害產生免疫力。

您的家人似乎不太擅長直接與人面對面，一直以來不斷迴避，結果是對傷害還沒有產生免疫力。但現在開始還不會太遲，從你開始突破，試著向他人傳達內心真正的想法。克服傷害的經驗，能夠孕育出人際關係上的自信。也請你向你的家人與姊姊傳達這樣的經驗。

正是這樣的勇氣，能夠帶領你解決繭居一事。

如何安全地「體驗受傷」

Q 有人說「試煉與傷害帶來成長」，但我兒子只是整天待在家裡，跟家人以外的人完全沒有任何互動，每天過著安穩的日子。他繭居在家不與人互動，到底誰能給他試煉？是父母要以某種相處方式讓他受傷嗎？我要如何讓他安全地體驗受傷呢？父母應該為他做些什麼？

A 是的，父母要讓他受傷。父母的責任通常是保護孩子，與我剛才提到要讓他受傷的這個說法正好相反。這個部分很關鍵，讓我來詳細說明。

我們在與他人交流時，會受到「試煉與傷害」。但如果沉浸在自己的世界中，便失去了這個成長的機會。繭居族唯一有機會進行互動的「他者」就是家人。

家人通常是繭居者個人世界的看守者，負責保護孩子不受傷害。家人的保護功能（＝母性）雖然重要，但家人同時也需要扮演傷害他並往外推（＝父性）的角色。

孩子在自己的世界中受到保護者的守護，因此能百分之百地做自己。周圍的人幫孩子築起了一個凡事順著孩子的如意世界。

孩子從青春期開始與外面的世界接觸，便需要脫離這一層保護罩，自己與他人進行互動。他人，意味著相異的性質，因此無法凡事按照自己的意思行動，這多少會造成一些傷害。百分之百照自己的意思是不可能的，這會給孩子帶來很大的衝擊性。

「如果不是百分之百按照我的意思，我就不再是我了！」

如果這麼想，孩子就會極力避免任何可能受傷的機會。認為不維持百分之百的自我就等於完全放棄自我，沒有中間地帶，這就是自我的任性。

為了接受異質性的他者，我們必克制自我。原本十分的自我折損成七分的自我。雖然自我減損了三成左右，但剩下的七成自我應該已足夠，與此同時，也要向他人清楚傳達自己的需求，請他人多少牽就自己一點，請他人削減一些需求。

自我與他者的相互牽就並非1＋1＝2，而只能是0.7＋0.7＝1.4，但這樣就好了。少一點自我，才能確保一個人的容身之處。自己的存在會對他人產生影響，也意味著會造成他人些許麻煩，與此同時，自己亦會受到他人的影響。

如果我們能夠看開一點，對這樣的相互影響抱著「這樣也好」的態度，就能想像對方也以相同的態度認可著自己的存在。

如果有人告訴孩子：「七成的自我也好。這並不會讓你失去自我，你還是能維持原本的自己。」並且認同他們，孩子便更能同意這樣的看法，如此一來，孩子就能安全地體驗受傷。

在自我世界中獲得的安全感，並不是真正的安全感。真正的安全感，是具備在外面的世界也能安全活下去的自信。

為了讓孩子得到這份自信，父母能做的事情有很多。例如試圖讓孩子走出自我，來到外面的世界。父母不需要生氣或強制，而是安穩謹慎並堅定有力地向孩子傳達這個訊息。請父母給予孩子這樣的安全感：「在外面的世界一定會受傷，但沒關係，就算受了傷，你還是你，這是成長的機會，你不妨試試看吧！」孩子所需要的是，不管發生什麼事，家人作為重要他者，一定會正面接受自己的這一份安心的感覺。

父母角色的轉換

在孩子進入青春期時，父母必須從保護孩子的角色，轉換成信賴孩子的角色。

在孩子年幼時，父母會緊密地保護孩子。如果和朋友發生問題或被欺負，父母就會聯絡學校老師或對方家長，或者告訴孩子不要再跟這個小朋友玩。父母會時時刻刻留意著與孩子有關的任何事情，以防他們受到傷害。父母為孩子提供了一個無害的世界，孩子不需要保護自己，正是因為父母拼著老命，提供孩子一個可以安心生存的安全世界。

進入青春期以後，孩子漸漸往外面的世界移動，不免會有比以前危險的異質性他者入侵到孩子的世界中。孩子會被欺負，會由於事情無法盡如己意而覺得失敗。

這時候，父母扮演什麼樣的角色便是關鍵。如果父母信任孩子，便會相信孩子即使受傷也有能力再站起來，因此不會像以前一樣拼命守護孩子，反而會默默看顧孩子，看著他們受傷，然後站起來。

話雖如此，青春期孩子的內心是堅強與軟弱各占一半。他們堅強努力了一陣子之後，如果不行就會變得軟弱，向父母求助。若父母信任孩子，當孩子軟弱地向自己求助，便會溫暖地提供幫助，但也因為這樣的父母信任孩子，知道孩子有堅強的一面，所以也會告訴他：「沒問題的，我相信你能夠克服這個困難。我會在旁邊守護你，何不試著自己克服看看！」並鼓勵孩子挺身而出。

當父母鼓勵孩子，告訴他們「沒問題」，孩子便能從洩氣的軟弱狀態稍微變得堅強，並繼續努力。畢竟，我們對任何事情進行挑戰，結果不是成功就是失敗。

如果挑戰成功，就能獲得一點自信，長大一些。如果失敗了，便會失去自信而撤退，轉而向父母求助說：「我不行了！」這個時候，如果父母扮演的是信任孩子的角色，便會溫暖地鼓勵孩子：「辛苦你了，你已經盡力了。雖然失敗了，但你已經具備了克服困難的能力。現在暫時休息一下，重新調整呼吸，再試試看。多嘗試幾次搞不好就成功囉，繼續加油！」

但是，如果父母沒有發覺孩子堅強的那一面，而總是扮演著守護弱者的角色，在這個時候就會看不下去，認為孩子還沒有自己克服困難的能力，要繼續善盡做父母的責任來解救孩子。

這樣的父母，會害怕到根本不敢說出「你自己來沒問題」這樣毫無防備的話。他們會認為孩子如果聽到這樣的話，一不小心就會垮掉，然後就再也站不起來了。

不管是大人還是小孩，都有堅強（想加油的心情）與軟弱（想依賴他人的心情）這兩面。父母如果認為孩子不行，孩子也會認為自己不行；相反地，當父母覺得孩子沒問題，孩子也會覺得自己沒問題，父母能藉此給孩子更多自信。重要的是，父母自己要先保持信心（堅強）。

記得我高中的時候，有一次參加夏令營活動，在活動期間被迫跳水，要從很高的岩石上跳進海裡。那算是我的成人儀式（initiation），也就是成長必經的試練。過去在一些傳統社會中，為了讓孩子成為大人，會舉行一些現在看來過於野蠻的通過儀式。在文明高度發達的今日，這樣的通過儀式仍以不同的形式持續進行著。霸凌、學業表現不佳、升學考試、逃學、繭居等等，便是現代社會的成人儀式。

重要的是，父母不需要防範這些傷害，而是將其視為成長的機會，要扮演看顧的角色而不是插手保護。

這樣的說法聽起來可能太「硬派」。我似乎聽到有人帶著憤怒（不安）的聲音說：「但是醫師，如果我家的小孩受到致命的傷害怎麼辦？」

繭居不是受到致命傷害的結果（失敗的人生），我們應該要將它視為成長的試煉。

遇到這樣的試煉，「尚未成熟的心」無法自行處理，因此會期待他們的保護者從旁協助。但如果保護者不提供幫助，便會萌生只能自立自強的「成熟的心」。重要的是，要漸漸培養出「父母無法幫助我，靠自己雖然有點不順，但也只能靠自己了」這樣的心態。

拉開親子間的距離

Q 兒子早上不會自己起床。如果我們做父母的不去叫他，他便睡到中午。看著他呼呼大睡的樣子，我便隱隱感到不耐。好不容易起床了，他就開始玩手機，或打開電腦玩遊戲，做一些浪費時間的事。如果我們跟他講話，他也只會說「閉嘴」、「不要管我」，並且完全不會主動做任何事情。

我問他：「以後打算怎麼辦？」他也不願意回答。前幾天我下定決心好好質問他，他就突然生氣了。從此之後我便沒有再追究下去。一想到兒子的朋友們都進了不錯的大學，兒子自己卻這樣，我們根本無法冷靜下來。我完全無法瞭解兒子在想什麼，每天和散漫度日的兒子相處，使我變得異常焦躁，我自己都快瘋掉了。

諮商師告訴我要「一、保持適當的親子距離」、「二、理解孩子本身的痛苦」、「三、在家中營造放鬆且令人安心的環境」。請問有哪些具體的做法呢？

A 如果你看到某人就感到焦躁，表示你與這個的人心理距離太接近了，並且抱有過度期待。不管對方多麼散漫，你不會對一個和你沒有太大關係的人感到煩躁。正因為你覺得重要、有所期待，所以當事情無法盡如己意時會感到焦躁。

例如，公司的下屬僅僅在工作上是重要夥伴。但夫婦或親子做為家人，想當然爾，會對彼此抱有更多的期待。父母對孩子更是有許多期許，例如希望孩子成為好的大人，希望孩子幸福等等，孩子的幸福就是父母的幸福。

但孩子卻不聽話，一想到這樣下去孩子將無法幸福，父母便感到莫大的不安。將自身的不安投射到他人身上，便會對他人感到焦躁。因此父母看到散漫的孩子會感到焦躁。同時，妻子也會對那個放著自己窮擔心，而不願一起想辦法的丈夫感到焦躁。

這種時候，不如大膽拉開與孩子之間的距離。也許你會擔心，這樣做搞不好會讓孩子覺得被父母拋棄而難過，但這正是現在的他所需要的。要讓孩子覺得父母不會提供他引擎，孩子才會發動自己的引擎。

一、關於保持適當的親子距離，你想尋求具體做法，那麼你必須在心理上與物理上都與孩子保持的適當距離。為了拉開心理距離，必須先檢查自己的內心。一般來說，我們的內心會充滿關於孩子、夫妻、工作、朋友以及自己等等的各種想法與情緒。但在這些想法中，關於你的孩子的想法，佔了幾成？是兩成、五成還是八成？只要你擔心孩子，他在你心中的比例就會變高。

當你因為擔心孩子而拉近你與孩子的心理距離時，便會太用力做「父母」。平常就溫柔的母親，會變得過度溫柔甚至溺愛孩子，深知社會險惡的的父親則會變得太過嚴厲，這兩者都會令孩子為難。那些為了孩子好而做的種種行為，反而會把父母的不安傳染給孩子，使孩子更加難受。對於正在嘗試自立的春青期孩子，父母主動保持適當的距離，反而不會有任何壞處。

二、為了理解孩子本身的痛苦，父母必須傾聽孩子的聲音。有時候，父母可能認為自己已經很努力在傾聽，卻無法確切理解孩子的想法，孩子便會覺得自己不被了解。理解他人的痛苦所依據的是感性，因此無法用道理來說明如何正確理解他人。最好的方法就是，在聽孩子說話之前，父母先將自己的辛酸說給諮商師或朋友聽，讓其他人理解你的想法。

所有人內心都抱著或多或少的各種辛酸。如果把這些辛酸說給別人聽，有了受人理解的體驗，便能親身了解到被理解是什麼樣的感受。同時，父母也需要排解自身的辛酸，讓自己的心多騰出一點空間。如果父母的心裡充滿了辛酸，不論再怎麼努力傾聽，都裝不下孩子的想法，也就無法真正理解孩子。父母的內心越從容，越能傾聽並理解孩子。

三、關於如何在家中營造放鬆且令人安心的環境，這個問題不是在問「如何」進行對話或如何相處等等，重點在於，家中的每個人都能放鬆又安心地生活在一起。一旦建立起放鬆又安心的生活，家裡的任何活動都會是令人安心與放鬆的。

相反地，如果家人都緊張不安，家人間的任何對話及行為都將使人不安。在思考如何與孩子互動之前，需要一個讓父母都安心且放鬆的環境。

心的容量

每個人的心都像是一個杯子，裡面裝了各種感情。但我們往往不清楚自己的杯子裡裝了多少、或裝了什麼樣的感情。

家人之間最能理解彼此的感受。就算不說出口，不論關係親疏、不管距離遠近，都能互相理解。這是一件好事也是一件麻煩的事。

父母往往試著用心擁抱孩子。而父母的心意很容易就能傳達給孩子。如果父母有安全感，覺得這世界是安全的，要保持希望，一定會有好事發生，孩子便會感覺安全。相對的，當父母認為這個世界很危險，一定會失敗、會被人傷害，那麼這份不安全感也會傳到孩子身上。如果過度注意避免孩子受傷，一旦孩子真的受到傷害，父母很容易反應過度，後果反而更加嚴重。當父母的內心從容，便能好好傾聽孩子，把孩子的壞情緒倒入父母內心的杯中。

但如果父母內心的杯子已經滿了，就算再努力傾聽也裝不下孩子的心情，反而會將滿出來的情緒倒回孩子的杯中。

為了親子之間良好的情感交流，父母必須知道自己的杯子有多滿，裡面裝的是安心或不安的情緒。如果內心充滿不安，就沒有辦法真正理解孩子。為了家人之間的良好互動，父母應該更加留意及維護自身的心理狀態。但話說回來，了解自己的內心是相當困難的。

成為有自信、有安全感的父母

Q 兒子在高中輟學後曾繭居在家。之後好不容易開始上大學，卻又不去學校了，說要休學。我很想相信他不會有問題，但心中不免擔心他是否又會開始繭居。我的丈夫工作忙碌，根本無法和他商量。

我深怕說了什麼會讓事情變得更糟，不敢做任何事情。我覺得我這一輩子做的所有事情都好失敗，現在更害怕得不敢做任何事情。我對自己在育兒上的無能感到很懊惱。在某種程度上，丈夫以工作為藉口逃避家中的事，我為明哲保身而逃避過去的經驗，兒子逃避外面的世界，真是個糟糕的家庭。

現在的我到底能夠做什麼呢？我要繼續默默守護兒子，抱持著只要他還活著就好這樣的想法嗎？父母尋求心理諮商有用嗎？

A 請務必前往尋求心理諮商。你能做的不只是默默守護而已。身為父母，還有很多事情可以做。

父母如果不安，孩子也會不安，讓他失去面對青春期困難的意願。若父母有安全感，孩子也能感受到，更能從中獲得勇氣。

因此，父母能做的就是提供安全感。「只要兒子活著就好了」這個訊息雖然可以提供兒子在家裡的安全感，卻無法使孩子得到足以自立的安全感。請試圖讓孩子有這樣的安全感：「你能夠自立，沒問題的。在外面受了傷，就算失敗了也沒關係。因為你一定能夠站起來的！」

安全感與不安全感無法以言語清楚表達。但父母的感受不需要說出口，孩子就能明白。你看著孩子的眼神應該充滿不安吧？對孩子再次繭居的不安，無論做什麼或不做什麼，你總是帶著揮之不去的不安感受。如果父母自己充滿不安，就算拼命想傳達安全感與活力給孩子，孩子感受到的也只有不安而已。

重要的不是想或不想傳達什麼給孩子，而是父母要解除自身的不安，獲得充分的安全感與信心。

你有注意到你自己的心已經非常疲憊了嗎？對於丈夫，對於自己，對於孩子，都陷入了負面思考。

這個時候，你需要堅定的指引，來引導你該如何思考與對應。一個人想東想西，只會陷入自我矛盾，向負面思考沉淪而無法自拔。好好整理自己搖擺不定的情緒，不只是為了你自己，這也能為你的孩子帶來正面的影響。

將負面思考轉為正向思考的第一步，就是面對自己的負面情緒。你正在透過尋求諮商來試圖面對自己的情緒，我認為你做得很好，而且很勇敢。你能夠這樣尋求協助是非常棒的。如果我們能再更深入討論你的情況，我相信能看見一些新的東西。

好好理解自己負面思考的那一面，掏空一切負面思考之後，就會像潘朵拉的盒子一樣，有正面思考出現在盒子底部。面對自我所帶來的痛苦，能帶給你自信，更能讓你向之前的不安全感說再見。沒有了不安全感，便能忍受夫妻之間互相面對的痛苦，以及直接面對孩子的痛苦，從而將自信傳達給孩子。

重要的是，將孩子的問題視為一個契機，毫不逃避地面對父母自身的不安全感與過往經歷。但光是自己用想的，這一切並不會發生，要面對自己，必須靠朋友、諮商師、可靠第三人或其他支持，來讓自己說出真實的感受。如果能面對自己的不安，便能面對夫妻之間的不安和對於孩子的不安，逐漸重拾自信。

找回父母的活力

Q 我常常勸繭居在家的兒子出門，但他總是拒絕。當我試圖和他說話，他不是逃走就是沉默不語。我已經喪失了和他講話的力氣。我應該如何找回活力跟他互動呢？

A 想對孩子說的話、想告訴孩子的事情，都要清楚地傳達。一代一代生命的延續，是父母對孩子應盡的責任。傳達訊息給孩子時，重要的是父母本身的活力，父母若能保持活力，就能好好面對孩子；若父母沒有活力，就容易擔心、焦慮和生氣，會試圖抓住逃跑的孩子或者逼迫孩子，如此一來，不僅無法好好說出想說的話，更會把家庭變成一個戰場。我所說的活力，不是指身體的活力，而是指內心深處的活力。

你所面對的情況讓你喪失活力是很正常的。活力或勇氣無法光靠自己創造，它是別人給你的，經由人與人的交流而產生。

如果自己的行為或努力，獲得了他人「Yes」的肯定與承認，便會覺得自己不錯，自然就會產生活力。相反地，如果受到他人「No」的否定，便會喪失活力。

這是父母傳達活力給孩子的一種方式，反之亦然，父母也能從孩子身上得到活力。如果孩子對父母的行為表示「Yes」，父母會更有活力，但如果孩子表示「No」，父母難免顯得消沉。這是理所當然的。

那麼，我們究竟應該怎麼做？首先，父母親必須從別人身上獲得活力。因為孩子大概會繼續給你們「No」，在這樣的情況下，想要從孩子身上得到活力是不可能的，同時，也請夫妻共同努力，互相給予活力。

舉例而言，若孩子向父親表示「No」，這時候就需要妻子對丈夫說「Yes」。妻子可以說：「老公，雖然孩子向你說『No』，但你不斷向孩子表達心意的行為我覺得很好，是『Yes』喔，加油！」同樣地，當媽媽與孩子互動時，先生也要向太太傳達「Yes」的鼓勵。

也就是說，這是一場活力接力賽。為了讓孩子重拾活力，父母就要提供更多活力給孩子。當父母之一失去活力的時候，就要靠另一半（或任何一個家人）來提供活力。為了恢復家人的活力，諮商師或其他支援者也能提供更多活力，我也是其中之一。

親人能做些什麼？

Q 親戚的一個孩子繭居在家，幾乎不出門。孩子的雙親表示，他們曾嘗試過許多方法，可是都沒有用。由於他們不願意和親戚討論這件事，詳細的狀況我們並不清楚。但他們似乎沒有尋求專業協助或接受專業治療，長期缺乏妥善處理，而導致情況越來越糟。

我想要讓孩子的父母動起來，好幫助孩子回歸社會。但如果直接和父親說，他一定會認為我「多管閒事」。請問有什麼好辦法嗎？

A 看來不止孩子繭居，孩子的家人也作繭自縛，不願意討論這件事。不想碰觸這個話題，有可能是因為感到羞恥或害怕被責難或輕視，也可能是多方面嘗試後卻徒勞無功的無力感，導致整個家庭都筋疲力盡了。

要解決繭居問題，需要父母的力量。但如果父母與孩子距離太近，視野難免會變得狹險。這會導致父母努力想靠自己的力量來處理，卻陷入單一思維模式，對於不同的解決方案視而不見。

當整個家庭與外界隔絕，便無法有所改變。如果當事人或家人不尋求協助，外面的支援單位或諮商機構根本無法提供幫助。在這樣的情況下，能改變情況的不是本人也不是家人，而是第三人。兄弟姊妹或親戚等，不如直系親子般親近的「旁系」親人，更能發揮作用。

作為親戚的你，應該再往前一步，成為這個家庭與社會之間的連結。當你面對因自責與羞恥而封閉自己的親戚，要以肯定的態度來進行互動。會不會，你之前是以較為否定的態度接近他們？

「你這樣不行啦，要好好作人哪。你的家人有很多問題要面對，這也沒辦法，但你將來要怎麼辦呢？這樣下去只會越來越糟糕啊。你再不做點什麼就來不及了，真是令人擔心啊……」

當你懷有這樣的想法，就算不說出口也會被看穿，那個家庭也就越來越封閉自己。所以，不妨試試以下較為肯定的說法：

「記得他小時候是個好孩子，是怎麼變成現在這樣的，這真是個難解的問題。身為父母，想必你們也努力嘗試過很多方法吧？畢竟這不是一件容易啟齒的事情。如果我的孩子面臨相同情況，我也會像你們一樣不知所措吧。」

「身為父母，這一路下來你們應該苦惱了很久，也付出了很多努力，我相信一定會有辦法解決的。要保持希望，不要一味的擔心。」

繭居問題是絕對可以解決的。請向你的親戚傳達這個訊息。

不肯與父母親說話該怎麼辦？

Q 就讀高中的兒子經常以輕微發燒、食欲不振為藉口，而不去上學或早退。做為父親的我，有一次大發雷霆逼他去學校，他當天竟然半夜兩點才回家，應該是在家附近徘徊。但從隔天開始，他就不再去上學，一直到現在仍不和父母說話。他也不和家人一起吃飯，多半是夜裡去開冰箱找吃的。

雖然與父母沒有互動，但他和同學似乎還有往來。這樣子算是繭居嗎？還是他只是在反抗父母？他完全不願意和父母說話，我現在只求他願意和我們講話，該怎麼辦呢？

A 既然和同學還有互動，那就不算是繭居，而算是對父母的反抗。

青春期孩子的心有軟弱的一面，也有堅強的一面。藉口輕微發燒、食慾不振而不去上學，這是面對困難會退縮的軟弱的一面；不和父母說話，則是試圖表現堅強的那一面。

孩子為了抗議父親的責罵，而拒絕與父母進行交流，試圖拉開距離。如果他同時也拒絕與同學的交流，那就是繭居；但如果與同學還保持往來，那就是反抗而非繭居了。

您的兒子正在掙扎著試圖要自立。自立意味著不依賴他人的判斷，而是根據自己的價值觀來行動。我想您的兒子應該也認為自己得去學校，但他需要更多時間做好心理準備，才能夠下定決心去上學。

父母應該要相信他的力量，再多等待一段時間吧。這個時候如果父母強烈要求「你趕快去學校」，那傳達的就是父母的價值觀，孩子就喪失了形塑自身價值觀的機會。

如果您的兒子有顆成熟的心，便能夠起身對抗父母的「你趕快去學校」這個價值觀，並清楚表達自己的價值觀：「我還沒有準備好，再給我一點時間好嗎？」但他尚未完全成為大人，也缺少向父母清楚傳達自我價值的自信心，因此只能拒絕對話並拉開距離，試圖逃離父母的影響。雖然顯得不成熟，但對高中生而言，他已經盡力了。

反觀父母，如果無法與孩子對話，便會因為無法了解孩子在想什麼而擔心，會一心想要進行對話，試圖溝通。

畢竟，能夠互相溝通才算是家人啊。但是，在孩子成長的過程中，總會有一段時期刻意拒絕與父母溝通。被父親責罵可能是個契機，使您的兒子進入了這個時期。

如果他與同學之間仍有所交流，應該有人會問他：「你怎麼都沒來學校？到底怎麼了？」藉由與同學的對話，您的兒子會從中培養出自己的價值觀。

而父母需要耐心地忍受無法與孩子對話的不安，靜靜等待他自己主動行動。

其間需要留意的是，父母雙方必須一起將孩子視為大人。如果父親把孩子當成大人、尊重其意見，母親卻把孩子當成小孩來照顧與干涉、試圖拉近距離，便會破壞孩子好不容易建立起來的堅強，他的堅強面便會被依賴父母的軟弱面所取代。母親沒有必要像父親一樣嚴厲或生氣，但需要與孩子保持一點距離，一起守護孩子，讓孩子依照他自己的步伐前進。

來自手足的支持

Q 我弟弟現在足不出戶，繭居在家，也不和家人說話。身為姊姊的我已結婚搬出娘家。我在婚後與弟弟疏遠了一陣子沒有見面，但不久前他打了通電話給我。弟弟說，他向父母坦承他的煩惱，但由於父母無法理解，他暴怒大鬧了一番。

隨後他怒不可遏地打給我。我們在電話中聊了一個多小時。弟弟說：「沒有工作活著也沒用，死掉算了。」他痛恨父親，還說要殺死父親再自殺。弟弟說他沒有朋友，只有我這個姊姊可以聽他說話，卻又表示他沒有希望我替他做些什麼。他一直向我說「對不起」。我該怎麼辦？

A 請你好好地當他傾訴的對象。你的弟弟痛恨父親，苦於無法在精神上脫離父母自立，父母對他而言是戰鬥的對象，當然無法向他們傾訴心情。但他除了家人也沒有其他可以傾訴的對象。

做為手足的你，是他唯一能放心傾吐的重要對象。如果繭居情況持續下去，手足會是解決膠著的家庭關係的契機。

由於你結婚後離開了家，因此是最佳的「旁系關係」親人。如果同住一個屋簷下，你可能就會被捲入家庭的是非當中，無法保持客觀。正因為保持了適當的距離，才能毫不勉強地成為家人商量的對象。這樣稍微帶有距離的互動關係非常有幫助。

就如你弟弟所言，你只要聽他說話就夠了，不需多做什麼。不用採取什麼具體的行動來拯救你的弟弟，你只要在情感上支持弟弟就可以了。將無法抑制的憤怒說給姊姊聽，已讓他達到宣洩心情的作用，他想殺死父親再自殺的衝動，也藉由訴說而受到抑制。將心情傳達給能夠理解的人，能帶來極大的抑止效果。

不過，傾聽別人的煩惱，心理壓力也是很大的。姊姊本身可能也會因此而充滿不安。為了姊姊你本身的心理健康，也請你找一個可以信賴的人來提供你心理支援。

讓手足為家中帶來新氣象

Q 我哥哥在大學休學後並無固定工作，每天待在家裡。他會和家人外出吃飯或談話，但不曾主動開啟話題。一旦被要求「出去工作」或聽到不想聽的話，他便直接當做沒聽到。但他是個性很溫柔的人。

父母之前會罵他，要他「出去工作」，由於哥哥都當做沒聽到，他們現在也就不再說了。母親自責地哭泣，認為「是我養育不周」，父親則什麼都不說，完全交給母親處理。父親在我小時候就開始隻身外派，但他每個週末都會回家，他辛苦工作也都是為了家人。

我覺得我的父母真的對孩子都很好。他們犧牲自我，把孩子視為第一優先。或許有點保護過度吧。有什麼是我能做的呢？

A 在妹妹眼裡，繭居族哥哥是很溫柔的人，父母也對孩子很好。這樣的正面觀點是很重要的。

可惜這樣正面的看法只限於妹妹，父母自責養育不周，哥哥身為當事人也只能看到負面的事物。

我所主持的家庭心理諮商，經常邀請兄弟姊妹來參加。一般的心理諮商，就算邀請當事者的家人，通常都是邀請父母，卻不會找兄弟姊妹。但我會請手足前來一起參與諮商，期待能為整個家庭帶來新氣象。

你繭居的哥哥與父母似乎失去了活力，想試圖做些什麼的能量已經枯竭。這時就需要來自手足的能量。請手足來參與心理諮商，從第三者的觀點來述說整個情況，這時便能聽到與來自當事人及父母口中的不同說法。

舉例而言，這位妹妹所說的「哥哥很溫柔」或是「爸爸很顧家」的看法，就是很正面的觀點。當然，溫柔和顧家無法實際解決問題，但至少它讓我看見這個家庭美好的一面。如果你的家人都能意識到這些正面的看法，父母和哥哥應該就會比較有精神。

手足能夠創造一個讓全家恢復活力的正面環境，為當事人提供很大的幫助。

手足對於父母的支援

Q 弟弟是繭居族，作為姊姊的我不免感到焦躁，不知道這個狀況會持續多久。弟弟本人似乎對目前的生活並無不滿，看起來想要繼續過這樣的生活。父母雖然有想過要做些什麼，卻始終沒有付諸行動。

弟弟本人與父母都沒有感到特別困擾，我想事情應該不太好解決，但身為姊姊，一想到將來就會覺得非常不安。我曾經尋求心理諮商，卻被告知說需要父母前來諮商才行。難道父母尋求諮商是唯一的解決方法嗎？

A 的確，解決繭居最重要的環節是親子關係。藉由親子關係的調整，可以使孩子離開父母而獨立，因此，的確應該是要由繭居者與父母前去尋求諮商。然而，一旦繭居情況長期持續，親子關係便陷入膠著，父母與孩子都會漸漸失去力氣。對繭居者而言，父母是他憤怒的對象，但沒有父母自己卻活不下去，因此形成一種依賴關係，到頭來就變得只能維持現狀繼續生活下去。

對父母來說，在多方嘗試之後依然徒勞無功，便形成一種無力感，最後演變成半放棄的狀態，無力再多做些什麼。

但刺激會帶來改變。若沒有刺激，就會一成不變地停留在原地。在與外界隔絕的情況下，手足便是唯一能帶來變化的刺激。

如果當事人和父母都無意尋求諮商，那就由兄弟姊妹前來諮商吧。幸好身為姊姊的你認為有需要做些什麼，還有力氣試圖要改變目前的情況，請把這份力氣分享給你的家人。我們可以一起談談，為什麼你的父母不願尋求諮商，或如何使家人更有活力，然後我們可以一起想想，要如何從姊姊的立場來面對其他家人。

我想舉由我諮商過的一個家庭為例。當初，是繭居者的姊姊先來找我談。她的弟弟拒絕與人接觸，父母也放棄了這個兒子，姊姊一個人來找我，藉由討論該如何理解她弟弟和父母的心情，她對自己的弟弟與父母有了一番新的認識。這位姊姊回家之後，會向父母描述我們諮商的情況。剛開始不太想聽的父母，在與女兒反覆交談之後，開始覺得來談談似乎也不錯，便一同前來。

姊姊的行動奏效，我開始與這對父母進行諮商。談了幾次之後，父母也開始對於如何理解藺居的兒子並與他相處，有了一些概念。

然後他們終於說服藺居的兒子來找我談。剛開始，他是被父母硬拉來的，但經過幾次會面後，他漸漸習慣和我談話，後來甚至會主動來找我做心理諮商。

也就是說，從手足到父母，從父母到當事人，再從當事人到社會，改變會像接力賽一樣，一個接著一個發生。個別的改變雖小，但只要紮實地累積下去便能帶來更大的改變。

丈夫是繭居族（妻子的諮商）

Q 丈夫對我隱瞞他被裁員這件事，每天去圖書館報到，直到我覺得不對勁開始追問，他才告訴我實情。

之後，雖然一開始有在找工作，但他自尊心強又愛面子，最近連求職網站都不願意去看。每當我說「請你去找工作」，他便拿起家裡的東西朝我扔，再逃到自己的房間，遁入電腦遊戲的世界中，關閉與外界的一切聯繫。白天，他頂多出門去幼稚園接小孩，天黑後，最多是去便利商店買菸。

其實，前一陣子有了點改變。有一次，當我逼問他「打算什麼時候去工作」，他再次試圖逃開，我再也受不了，便追上去衝進他房間、拔掉電腦插頭，對他大吼。我原以為丈夫會暴力相向，沒想到他卻開始哭泣。

丈夫叫我「千萬不要告訴鄉下的父母」，他的父母什麼都不知道。但由於我還在氣頭上，便打了電話給婆婆，把這一切告訴她。

不久後，公公打電話來與丈夫長談。後來公婆寫了封信給丈夫，他也終於開始上求職網站。

丈夫曾去看過精神科，但去了一次以後說藥不適合，就不去了。他也做過三次心理諮商，但在錯過一次預約後，便說：「我不想再去了。」聽說，心理諮商機構那邊的人告訴他：「在家裡待到不想待為止也無妨。」

但我們的孩子還小，以我一個人的收入根本過不下去。我真的很希望丈夫可以脫離繭居狀態繼續工作，卻不知道該怎麼跟丈夫說。

A 你能直接面對你先生，真的非常有勇氣。因為有家暴的可能，諮商師也不便做出這樣的建議，但你卻靠自己的力量追問了丈夫，這很值得讚賞。這樣的嘗試，展現了很重要的夫妻力量。如果夫妻之間的牽絆夠深，來自妻子的支持會是丈夫很重要的力量。

你的先生，還不是真正的大人。但我認為，你先生在你面前哭泣、顯露脆弱的一面是件好事。你不顧先生的反對，將繭居一事告訴他父母，從結果來看也是好的。男性通常不喜歡讓自己沒面子，但如果先生能藉由太太的幫助面對自己，就能卸下盔甲。做為妻子的你，很有直接面對他人的潛力。這份力量會是讓你先生覺醒的契機。

不過一旦考慮到將來，似乎就無法這麼樂觀。如果你先生無法擺脫不成熟的依賴心態，將妻子當做母親來依賴，便很有可能演變成家暴或是酗酒的情況。

為了避免這樣的情況發生，妻子千萬不要切斷自己的經濟來源。現在帶著年幼的孩子工作一定非常辛苦，然而一旦失去了自己的經濟來源，就只能依靠丈夫。如此一來，便會造成妻子在經濟上依賴丈夫，丈夫在心理上依賴妻子這樣的互賴關係，使夫妻關係變得更為複雜。雖然聽起來可能有點矛盾，但是如果夫妻之間有離婚這個選項，這樣的緊張感能讓夫妻關係更為融洽。

大人本身還沒成為真正的大人就要養育孩子，像這樣的案例變得越來越多。但我覺得這也沒什麼不好，不是每個人都是在擁有百分之百的自信後，才當上父母的。共同分擔育兒的辛苦，互相刺激對方，經歷這一切以後，父母本身會成為更堅強的成人。育兒不僅是養育幼兒，也能幫助父母的成長。

如何肯定地責備？

要好好責備孩子是很難的。完全不責備孩子不行，太過責備孩子也不好。到底該如何高明地責備孩子呢？讓我來介紹「肯定式責備」和「否定式責備」這兩個概念。

「肯定式責備」看的是孩子優秀的一面。採取的前提是，孩子其實很堅強負責。

「否定式責備」看的是孩子較弱的一面。採取的前提是，孩子還不成熟、需要被保護才不會走樣。

讓我來舉例說明肯定式責備。

「說什麼傻話！你做得到的（不要說你這個人不行），你不需要一直依賴父母！你很堅強又有能力，應該要自己試試看！失敗了也沒關係，父母會守護你的。就算第一次嘗試不成功，試個三次左右一定能成功！」

大概是這樣。對孩子施予肯定式責備，就算孩子當場覺得受傷，也能克服這個傷，慢慢成為大人。

如果給予的是否定式責備，就容易讓孩子在心中留下「自己還不成熟，需要依賴父母」

這個想法。

肯定式或否定式的責備，差別不在於用字遣詞的不同，而在於父母在背後所抱持的心態，端看父母是肯定式的信賴孩子或是否定式的擔心孩子。舉例來說，讓我們來假設一個情況，一個孩子開始不願意去上學：

「不去上學你會無法升級。快點去學校！」

這個說法可以是肯定式也可以是否定式。

父母心中的想法，可能有下列幾種。

「你說你在學校被欺負，但你絕對有反抗回去的力量。就算不喜歡，繼續去上學總是會習慣的。不要再畏畏縮縮的，趕快去上學！」

如果父母心中這樣想，上述的責備就算是肯定式責備。

相反地，當父母內心想的是：「這樣就不去上學，不就無法升級，然後變成繭居族嗎？那你的人生就毀了！現在不繼續上學，後果會很慘。所以趕快去上學！」那麼上述的責備就會是否定式責備。

再讓我們再來思考一個完全不同的說法。

「沒關係的，現在先不用勉強自己去上學！」

看起來似乎是個相當正面的說法，但這個說法可以是肯定式的，也可以是否定式的。

當父母心中認為：「雖然暫時不去學校，但你的人生很長，總是可以補回來的。人生有許多種走法，不一定要筆直地往前進。我相信你有這個能耐，用你自己的步伐走出自己的人生吧！」這句話就是個肯定的訊息。

如果父母內心想的是：「再怎麼跟你說都沒用吧？心理諮商的醫師說我要接受孩子的全部。或許我之前的方法錯了吧，抱歉了。都是父母的錯。你愛做什麼就做什麼吧，媽媽我沒有力氣再管你了。」這句話就會變成否定式的訊息。

一樣的話語，由於父母所抱持的想法不同，傳達給孩子的訊息內容也會大大地不同。

Part 4

善用繭居族支援系統

繭居族的諮商窗口

Q 關於繭居族的問題，我聽說醫院、諮商室、民間支援團體等各單位皆有提供諮商服務，請問哪裡比較好呢？這些單位有什麼不同？

A 現在有各種管道提供繭居族諮商服務，各支援單位針對不同的繭居情形，各有其不同的支援方式。在接受協助前，最重要的是充分瞭解，以消除心中所有的疑慮。

若支援單位的網站上有介紹其內容及特色，請事先瀏覽。許多單位沒有在網路上提供資訊，麻煩您打電話去詢問，或是實際到場聽取說明。藉著感受諮商過程中對方的應對方式，可以大概明白每個單位的氣氛。另外，各地衛生所、校內保健室老師及大學保健中心等單位，也可以提供我們地區性的資訊。

以下簡單介紹各種諮商窗口的特色，及接受支援的方法。

・精神醫療

以醫院來說，請至精神科或身心科做諮商。這兩者的差別就如同本書開頭所介紹，一般人會對「精神科」有心理障礙，但無論是精神科或身心科，醫生的診療方式都大同小異；照理說，身心科是由內科醫生、精神科是由精神科醫生來看診，但因為民眾對精神科的心理障礙較大，也有不少地方明明是由精神科醫生看診，卻掛著身心科的招牌。

診療時，醫生會判斷繭居者是否罹患疾病，若判定罹病則要進行治療。通常，多數繭居族並沒有罹患精神疾病，但也有隱含著精神疾病的情況。在外行人看來，可能只覺這個人無精打采，但有時候，可能已是思覺失調症與憂鬱症的開端。因為外行人無法正確地判斷，建議接受精神科醫生等專家的診斷較為妥當。

不過，即使是專家也無法百分之百地準確判斷。醫生雖然擅長治療疾病，但對於沒有罹病的案例也無能為力。「繭居族」是近二十年才誕生的新概念，很可惜還有許多精神科醫生對它不是十分了解。

即便只是因為青春期的心理成長問題而變成繭居族，並不是真正地罹患疾症，也可能出現「有人講我壞話」、「無法融入群體」、「對任何事都提不起勁」等類似思覺失調症及憂鬱症的症狀。在這種情況下，對繭居族了解不深的醫生可能會將之誤診為精神疾病，開了照理而言不需要的大量藥物。

診斷身體疾病時，一般會使用血液檢查及CT等圖像，針對這些有科學依據的客觀數據來做診斷，因此，即使由不同醫療單位來檢查，多半也會得出相同的診斷結果。然而，診斷精神疾病的症狀憑據，是如失眠、喪失動力及疲勞無法恢復等患者本人的主觀感覺，由於無法從科學檢查的客觀數據看出這些症狀，醫生只能藉著談話內容，並依據自己的知識與經驗來做主觀的診斷。因此，對於同一名患者，不同醫療單位開出相異診斷名稱及治療藥方的情形很常見。特別是十幾二十歲的青少年繭居族，要怎麼去判斷他們的情形，也被專家公認為難題。

去看醫生時，建議選擇願意耐心地對患者及家屬充分說明，並能消除自己心中疑慮的醫生。如果希望獲得良好的治療，重要的秘訣就是要能和醫生建立信賴關係。「這位醫生真的很了解我的情況」，如果不能讓患者有這樣的信任，心理疾病就無法治癒。請盡量避開沒有充分聆聽患者及家屬敘述，即開了大量藥方的醫生。

如果無法確定現在的醫生是否合適，雖然比較費工夫，還是建議您再去其他醫療單位諮商，尋求別的醫療意見。最好是選擇設有兒童精神科，或青春期／青年期精神科專科門診的醫院，但這在日本仍相當少見。

・心理諮商

許多地方都有提供心理諮服務。在小學、中學、高中、大學裡，都有駐校心理師，目前全職的諮商師還是少數，多半為每週僅出勤幾天的兼職人員。不過，心理諮商的需求逐漸高漲，全職的校園心理師應會是今後的趨勢。

校園心理師的優點，是能成為當事者與學校之間的溝通橋梁，除了設法接觸孩子本人，也能聯合導師及保健室老師的力量，使孩子在重返校園的路上，能獲得校方的協助。

此外，各地區教育委員會所設置的「教育諮商所」或「教育諮商中心」內也有常駐的諮商師，提供免費的諮商服務。他們更加專業，能夠進行更完整嚴謹的諮商，另外也提供父母諮商服務，不過，無法像校園心理師一般與學校老師緊密合作。

現在，設有精神科的醫院或精神科診所，多半駐有諮商師。看病時，首先會接受醫生的診察，必要時諮商師才會介入。醫生診察時間相當短暫，只是用來判斷處方，但諮商師會花時間充分地進行諮商。這個方式的優點，就是可以同時接受到治療與諮商兩種協助。

在產業界，雖然體制還不夠健全，但有些公司也開始配置產業諮商師。其中有部分是專業的諮商師，也有部分例子是員工進修後兼任，提供公司同仁留職停薪，或情況好轉後復職等各種情況的諮商服務。

此外，在都會區裡，自己開業的諮商師逐漸增加。他們不隸屬於學校、醫院或公司等組織，而是以個人或較少人數來執業，提供諮商服務。

每位諮商師皆有其擅長領域，在預約諮商前，請先確認是否提供繭居族相關的諮商服務。

・公家的繭居族支援機關

這些機關包括衛生所、精神保健社福中心及兒童諮商所等等，為了守護地區民眾的心理健康而努力，對於繭居的情況也提供免費的諮商服務。

衛生所提供孕產婦及嬰幼兒的健康檢查、成人慢性病、高齡者、傳染病、食品衛生、公共衛生與精神保健等包羅萬象的各種服務，守護著當地所有年齡層民眾的健康。各地區的公共衛生護理師及約聘醫生也提供諮商服務，但因為繭居現象或心理健康並非其專業，支援效果有限，不過仍然適合做為接受支援的起點。

在衛生所的各項服務中，「精神保健社福中心」是特別針對心理健康的服務單位。為了提供更加專業的服務，在各都道府縣都有設點，以提供精神疾病的預防與治療，以及協助回歸社會等支援服務。

對於大眾已熟知的精神障礙，例如思覺失調症及憂鬱症等的服務體系已經相當健全，近年來也積極提供繭居族諮商服務。除了透過電話或面談的私人詢問或諮商，也會舉辦繭居族父母的交流會與演講，或是提供與人接觸機會的日間照護等各種服務項目。

兒童諮商所，是為了守護未滿十八歲的青少年或兒童的社會福利，而提供孩子本人或父母的諮商服務。雖然對於孩子的性格及問題行為也提供諮商，但由於近年來虐待兒童的案件急遽增加，社福人員疲於奔命，現況是他們無法抽出心力處理繭居族問題。不過，若家庭中出現暴力行為，無論是父母對孩子施暴，或孩子對父母施暴等情形急需諮商協助，就會列為優先處理項目。

此外，若當事人無法前來接受諮商，衛生所及兒童諮商所也提供家庭訪問服務。只是，衛生所是以疑似精神障礙的情況為優先，兒童諮商所則會優先處理疑似家庭虐待的案件。

總之，請主動接受諮商、了解情況。

・民間支援團體

民間支援團體並不是像學校或各區服務單位等公家機關，也不同於醫院或諮商師等專家，而是由一般民眾積極推動的繭居族支援服務。

民間的繭居族支援單位多半依附在教育塾（教育輔助團體）、身心障礙支援團體等社福機構，或諮商機構等單位下。不過，其人員所具備的專業素養及相關知識水準參差不齊，有些團體思慮周詳，能達到良好的協助效果，有些團體僅依賴個人的經驗與熱情而創建，形成了支援服務信賴度落差過大的問題。

在實際開始諮商之前，最好先詳閱網路資訊或手冊內容，並接受詳盡說明，解決心中所有疑慮。

有些民間支援機關水準頗高，若能有效利用，可以發揮很大的助力。最近公家單位也在研討和民間攜手合作的方式，舉例來說：在東京都開始提供民間繭居族支援機關進修與交流的機會，以及高水準機構認證系統等行政工作。

〈對當事人的支援、對家人的支援〉

針對當事人，有提供家庭訪問、容身之處活動、升學就職支援等服務項目；針對當事人的家屬，也有家庭諮商、講座、演講及父母交流會等各種服務項目。

一、家庭訪問

須事先與當事人家屬進行詳細討論，在取得當事人及其家人的同意後，社工會親自到家裡拜訪，和當事人進行面談。亦即，當事人不需要前往協助者所在之處，而是相反地，由協助者前往當事人熟悉的地點進行訪談。這種方式，適合雖然無法在外與人交流，但若對方來到家裡就願意碰面的個案。

原則上，家庭訪問要先取得當事人的同意，但若經由家人委託，有時即使當事人沒有答應，也會進行家庭訪問。這種情況需要和家人詳細討論過再進行訪問，若是當事人關在房間不願出來，也不要強行闖入，可以隔著房門進行談話。訪問次數增多後，當事人會漸漸願意開門出來面談。

二、容身之處活動

此種方式適合能執行外出購物，或去圖書館等非互動式的外出活動，但抗拒與人交流的當事人。容身之處活動也被稱作自在空間、聚會場所或日間照護。這裡會準備一些能讓孩子們互動的遊戲、運動或烹飪等簡單的活動，讓他們有機會和他人交流，也有不特別安排活動，一切都交由孩子自主決定的情況。

三、就學或就業支援

當事人逐漸習慣與人交流至一定程度後，下一步就是要協助他們適應學校及工作。因應青少年需求的多元化，現在學校種類眾多，也有特別照顧繭居族需求，對他們來說相對容易適應的學校。最重要的是，在選擇之前要徹底研究每個學校的情況再做決定。

關於就業，通常當事人會希望能成為正職員工，不過若當事人缺乏工作經驗，或已長期離開職場，一下就要做全職工作有相當的難度，應該先從精神負擔較小的打工開始嘗試，工作時間也要維持在適當範圍內，等漸漸習慣後，再逐漸增加工作時數與負荷。

但是，符合此種條件的工作機會相當少見。支援機關會介紹條件適合的工作，或是支援機關本身會提供工作的機會。

以上是針對繭居族本人的支援，此外也有針對家人的支援。

四、家庭諮商

繭居族本人主動前來諮商的情況極為罕見，幾乎皆是由家庭諮商做為起點。父親或母親單方前來也無妨，但若能雙親一起出現，就能更加了解家庭狀況，諮商效果會大幅提升。

家庭諮商主要從三個面向來進行：

第一是「父母的應對方式」。孩子整天足不出戶，無論父母好說歹說，情況都不見改善，本人緊閉心扉不願和任何人說話，也不與父母對話；即使勸他接受諮商或看醫生，本人也毫無意願，還可能對家人惡言相向，甚至動手施暴等，這些對父母來說難以處理的各種狀況，在家庭諮商中能得到建議。

譯註：原文為「居場所活動」，「居場所」在中文裡沒有絕對的相應詞，其中「場地」概念的概念很重要，是指由學校或機構提供空間，創造出一個讓拒學的孩子或繭居者願意離開家、但又能自在地獨處而不被打擾的地方。在「居場所」他們可以什麼都不做，但孩子們聚集後因為有交流，會慢慢形成一些想法或活動，才開始設計出一些活動，當然還是自願參加的形式。（感謝邱敏麗心理師協助本詞彙之釋疑）

第二是「資訊分享」。在家庭諮商中，會與父母分享最適合現狀的外部支援方法，以及能提供這些外部支援的單位等相關資訊。

第三是「家人的情緒輔導」。父母長期擔憂繭居族孩子的問題，會開始責備自己、喪失自信，並深陷苦惱。利用家庭諮商，協助父母消除這類負面情緒，建立正向積極的態度。

五、給父母的相關講座與演講

在講座中，會提供雙親理解繭居族孩子的方法，以及身為父母的應對方式等相關知識。我也曾多次在此種場合發表演說，常獲得「聽到了前所未聞的知識」、「光是聽演講心情就變得比較輕鬆」這樣的迴響。若是對個人諮商仍有些裹足不前，先參加這類活動也能有所收穫。

只是，大眾導向的演講內容僅能針對普遍情形，並無法完全切合個別家庭的需求，也無法個別詢問具體詳情。每個繭居個案的情況都不一樣，僅以一般知識來應對會有所侷限，終究還是需要接受個別諮商。

此類講座會由各種單位主辦，行政單位包括衛生所、精神保健社福中心，教育研究單位包括學校、教育中心或學會，以及醫療單位如醫院等等，民眾可以從各機關刊物、各市町村發行刊物，以及網站上取得相關資訊。

六、父母聚會・父母團體

家有繭居族子女的父母可以聚集在一起，分別敘述各家情況，互相交換情報。沒有專家由上對下的關係，內容也不是泛泛的一般知識，能聆聽身處同樣立場人們的親身體驗、獲得具體資訊，非常有參考價值，參與者也能從中獲得勇氣。

即便有些人會覺得家裡有繭居族很丟臉，不過參加交流會的父母都面對著相同的困境，因此能夠安心、沒有顧慮的自在發言，從「只有我們家是這樣」的孤獨感解脫，就算僅是聽別人敘述，也能稍微放下心頭重擔。此外，藉著陳述自家的體驗，也能夠整理心緒，達到和諧商相同的效果。

父母交流會的進行方式主要分為兩種，多半會有一位主持人引導談話流程，或是特意不安排主持人，讓所有參與者都能以平等立場對話的「自助式團體」。後者的優點在於，可以營造所有參與者都立足平等、相互支持往前走的氣氛，這會提高大家的自主性，但缺點是談話的內容較容易失焦。

綜合生理、心理、社會三種思考模式

不僅限於繭居族，對於所有精神與心理問題的理解和支援，都有三種不同的思考模式。支援者的行動準則，也必定是這三種模式內的其中一個。對於接受協助的這一方而言，理解支援者的思考模式也相當重要。以下是對於這三種模式的概略說明。

第一種是「生理模式」，意指問題根源被推測為醫學或生理學上的異常。這種思考模式認為是因為體內，特別是腦神經系統存在某種疾病或異常，例如憂鬱症、思覺失調症、發展障礙或基因異常等情況，而導致了各種心理問題。

舉例來說，因為生病，當事人失去動力、難以進行邏輯性思考，才無法完整了解他人感受，也無法判讀當下情況氛圍，或無法清楚整理自己的思維，做不好該做的事情。所造成的結果就是當事人難以與人交流、失去容身之處，只好縮回殼裡成為繭居族。

若從這個層面切入，想使繭居族回復正常狀態，首要之務就是找出體內的異常部分，治療疾病，並妥善控制障礙情形。雖然過去普遍存在「精神疾病無法治癒」的偏見，但現在新式療法如雨後春筍般出現，許多過去治不好的病，現在只要透過正確服藥就能大幅改善病況。

不過，仍然有無藥可治的疾病，先天性基因異常等情形也可能無法根治。在這種情況下，若當事人與家屬對於疾病或障礙本身有正確的了解，就能提高解決問題的機率。

若能了解當事人喜歡以哪種方式與什麼樣的人相處，或反過來去了解什麼情況會對他造成壓力，並將這些資訊與當事人及其家屬分享，便可以為他打造新的生活環境。盡量增加他喜歡的交流模式，並避免易於讓他產生負擔與困擾的互動，如此一來，就能緩和病狀，讓當事人以最切合自己特質的方式與這個社會互動。

與專家徹底討論這個課題，找出對當事人來說適切且不會過於勉強的人生目標，準備適合其特質的生活環境，就會變成解決問題的目標。此種思考方式稱為「心理教育」，對於有精神障礙患者的家庭，現在有良心的醫院會進行此種協助。

第二種是「心理模式」。這種想法認為當事人並非罹患醫學上定義的疾病，而是由於出生至今在生活中經歷了負面、讓人受傷的體驗，內心受到影響無法正常運作，才導致繭居等各種問題。

在與家人、朋友，或學校及職場中各種不同的人相處時，我們會獲得被對方喜愛的正面體驗，以及被對方排斥的負面體驗。如果能得到許多正面體驗當然很好，不過要是在心裡累積了太多負面體驗，之後即使面對第一次接觸的人，也會擔心對方或許會給自己不好的評價，或是對自己不利、造成威脅。

因此，為了保護自己，會在被他人傷害前先發制人，斷絕交流。內心完全被不安、恐懼、悲傷及膽怯等心情佔據，無法自在地與他人往來，導致失去與人相處的自信，為了防止更大的傷害，只好把自己關在家裡。

若從這個層面考量，可以藉由抒緩心底的不安、恐懼、自我懷疑與憤怒等負面情緒，同時增強安心、自信與喜悅等正面情緒，促使當事人積極與他人及社會互動。

與人相處時所受的傷，也能在與人相處的過程中被撫平。藉由用語言表達自己的心情，可以鬆開內心的結，而這就是「心理諮商」的功效。心理諮商是本書的主題，會於其他部分再詳細說明。

第三個是「社會模式」。從以個人為中心的觀點擴大出去，把焦點放在當事人所處的關係上。認為繭居族體內有疾病或障礙的「生理模式」與追究內心原因的「心理模式」，都是在往繭居族個人內部尋找成因；而社會模式的觀點與這兩者截然不同，它探究當事人無法融入社會，是否因為社會本身有問題，社會是否就是造成當事人難以踏出房門的原因。

舉例來說，在校園崩壞、班上充滿不安的氣氛，或公司業績下滑、擔憂裁員的情緒高漲等情況下，學校和公司這些原本提供歸屬感的地方，將轉變為壓力源；又或者因為家裡有人生病、失業在家收入中斷、夫妻不和等家庭內氣氛緊張的情形，造成當事人只要離開家就會感到非常不安，才無法離家外出。

綜合這三種思維模式，即是「生理・心理・社會模式」。對於這三種思維，不要只固守於特定一種想法，要從三種不同觀點複合性地釐清問題，並依據當事人的狀況，隨時調整和應用這三種模式。

以社會性繭居族而言，與社會的互動會是很重要的相關因素，必須活用複合性的觀點。但目前在現實中，專家依其職種的分工相當明確：精神科醫生使用生理層面觀點進行藥物治療，對心理或社會層面不太關心；諮商師則以心理層面觀點為主，並沒有受過醫學訓練，也無法開藥。往後，要協助繭居族的專家們，需要能同時擁有這些複數觀點。

繭居在家，是一種病嗎？

Q 「繭居」可被視為一種疾病嗎？

A 基本上，我認為繭居在家並不是疾病。雖說整天足不出戶，拒絕參與社會活動，這種情形怎麼想都不正常，應該是一種心理上的疾病，但是實際診療後，幾乎所有個案都不符合「憂鬱症」或「思覺失調症」（舊名精神分裂症）這些既有精神疾病的概念。

不過，有些思覺失調症的患者，確實會出現足不出戶的初期症狀，但因為此時還未出現其他病徵，無法判斷是否真的罹患思覺失調症。幾年後其他症狀一一浮現，才能夠正確地診斷。

醫生的心中皆懷抱著「早期發現，早期治療」的使命，不願放過任何潛在疾病的可能威脅，因此若在診斷過程中出現令人猶豫的灰色地帶，總會過度傾向於判斷「疑似得病」。

只要病人有些許得病的可能，醫生就希望盡早開始治療以防止病症擴大，並開立預防性藥方。但是思覺失調症的藥，其藥效和副作用都過於強烈，會讓人昏沉嗜睡全身無力，使人不禁憂心是否真的適合服用。

被診斷為思覺失調症的繭居族們，如果持續追蹤其病情發展，到頭來常常會發現他們並沒有罹患思覺失調症。病人會將醫生診斷當作聖旨，但其實醫生在下診斷時，內心並不總是那麼篤定。特別是正值青春期的少年少女，內心世界正經歷著劇烈的成長變化，即使沒有生病，也會出現暫時性精神狀態不安定的情況，讓醫生難以正確判斷。

在一般的醫療行為中，「診斷」是基礎的第一步。如果沒有正確的診斷，就無法制定後續的治療計畫。但是，正值青春期的精神科個案情形不同，不能一味追求盡早判斷是否罹病，花時間追蹤病人情況才是最重要的。

繭居族與發展障礙有關嗎？

Q 近年來常聽到「亞斯伯格症」及「發展障礙」這些專有名詞，它們和繭居族有關連嗎？

A 發展障礙，意指因腦部功能障礙，造成無法適切解讀外界訊息的失調現象，其中最典型的例子就是自閉症，因為症狀明顯，在幼兒期就能及早發現。

與繭居族有關聯的是「輕度發展障礙」，或稱「廣泛性發展障礙」，其中也包含最近備受矚目的亞斯伯格症候群（高功能自閉症）。這些病症在廣義上也屬於自閉症的範疇，不過病徵輕微，沒有智能障礙的問題。此外，ＡＤＨＤ（注意力缺陷過動症）與ＬＤ（學習障礙）也是類似的概念。

年幼時症狀並不明顯，仍可應付一般學校生活需求，但隨著年紀漸長，人際關係及適應生活所需要的能力變得複雜，這些障礙造成的影響就會逐漸浮現。病症顯著化的時期因人而異，有可能是小學、國中或高中，甚至是過了二十歲以後。

這種失調現象會使人無法充分理解他人感受，造成溝通困難或衍生誤會。這樣的人由於無法依不同場合採取適當反應，會做出一些他人難以理解的舉動，因此無法建立良好的人際關係。諸如此類生活上的困難會慢慢出現，進而失去對良好人際關係的信心，成為被霸凌或批評的對象，內心狀態相當不穩定。

但是，繭居族是發展障礙所造成的嗎？這個問題相當複雜。發展障礙，是生理層面的概念，前提是大腦先天就有認知功能障礙。但是現今科學技術還無法證明此種腦部障礙，無論是照腦部CT或MRI，皆無法提供一個客觀、物理性的診斷依據。要診斷是否為發展障礙，只能歸納其外在症狀來做推論。

舉例來說，亞斯伯格症候群的診斷標準是：一、無法藉由表情及肢體反應等非語言表達方式來溝通。二、無法建立與其發展程度相應的夥伴關係。三、無法同理他人感受。四、無法有情緒層面的交流。只要上述幾項症狀都出現，就能夠診斷為亞斯伯格症。有許多繭居族都符合這些條件，倘若使用亞斯伯格症這個生物學上的概念，的確很能描述繭居族的特徵。

我所諮商過的繭居族之中，為數不少的人曾被其他專家診斷為亞斯伯格症或廣泛性發展障礙，探問他們至今的生活還有在學校與人來往的情形後，也的確常發現情況吻合前述一至四所描述的症狀。但是，實際見到本人並詳談之後，有時候會發現，他們不但能讀懂我的表情及肢體語言所隱含的意義，也能理解我的心情，完全可以做到情緒上的交流。

我認為，這些人大部分是被誤診為發展障礙。廣泛性發展障礙這個名稱，在我當上醫生的三十年前，幾乎沒人用過，約莫是在十年前才出現的。一開始只是專家之間相互溝通時使用，漸漸地一般人也開始如此稱呼，現在則成為普遍用語。因為它說明了那些無法斷言是疾病，卻又不能稱作正常的情形，是一個很方便的概念。

我認為，是否有一個明確的診斷結果並不是那麼重要，因此很少主動診斷個案為發展障礙，就算他們曾被其他專家判定為發展障礙，我也不會刻意去推翻他們的結論，因為沒有任何客觀的依據，可以判斷那位專家和我的診斷哪個比較正確。

不過我這種想法在醫生中極為少見，因為正確的診斷對一位醫生來說，重要性就如同其主要命脈。

我認為造成繭居族最主要的背景因素，是青春期的心理發展過程出了狀況，也就是自我認同無法順利形成，而這種說法，結合了心理及社會層面的思考方式。針對繭居族的成因，無論是從發展障礙這種生理層面角度來說明，或是從社會心理層面來解釋，都各有一番道理。

為何這麼說呢？因為發展障礙並沒有特效藥。即便我們能夠從生理層面觀點說明其成因，也無法從生理層面解決這個問題。而不管從哪個層面來解釋，真正有效的改善方式，都必須從社會心理層面著手。亦即，必須充分了解當事人的感受，並在此基礎下，與家屬一同思量重新讓當事人與家庭社會接軌的方法。

此外，診斷名稱這樣的標籤會對個案本人及家人造成何種影響，也是一個重要的關鍵。對父母來說，自家孩子若被診斷為發展障礙，會有以下的優缺點。

缺點是，要接受自己患有障礙這個事實並不容易。發展障礙，一般認為是由先天性腦部功能障礙引起，即使症狀能獲得改善，現今也還無法根治。個案必須接受這個障礙會一輩子跟著自己，而這對父母來說，是令人難以承受的。

不過，面對了患有障礙的事實，優點就是可以針對每個孩子的獨特個性，來設計合適的輔助方案。人類的內心擁有千百種不同功能，有掌管記憶與計算的理性思考能力，也有能夠理解他人感受的同理心，還有能使用語言傳達想法的表達能力等。在正常情況下，我們的社會大致上會要求每個人必須具備所有的能力，但在確認發展障礙後，就可以分析當事人的個別能力強弱，並依此為其挑選最適當的環境及職業，思考如何提升他們的生活品質，讓他們活得更加幸福。

每個人都有自己的獨特個性，但是日本人注重同儕意識，避免標新立異，害怕與別人不同，總是不太張揚自己的意見，配合團體氣氛，適切的調整言行舉止，隱藏自己的真實個性。但是，每個人本來就各不相同，各有其擅長與不擅長的領域，即使和別人不一樣也沒關係。成長過程中，本來就應該去摸索合乎自己特質的生活方式，即使與眾不同也無妨。有發展障礙，反而更能促使人們察覺到這件事情。

要父母接受自家孩子有發展障礙固然不易，但反過來說，父母也會明白不需要責怪自己。有些人認為繭居族是由於親子教養出問題而造成的，父母因此無法原諒自己；但是發展障礙是腦部功能出了問題，和親子教養無關，父母可以從無盡的罪惡感中解放，而有力氣積極思考下一步解決方案。

我的孩子是否得了憂鬱症？

Q 我兒子從半年前開始足不出戶，最近出現了憂鬱傾向，難道其實他是得了「憂鬱症」嗎？繭居族和憂鬱症有何不同呢？

A 如果是半年前就開始繭居情形，其後才出現憂鬱傾向，那就不是真正的憂鬱症。

首先，我先來說明何謂「憂鬱傾向」，它包含以下這些徵狀。

1. 毫無理由地憂鬱或焦慮，心情低落、感到空虛。
2. 對任何事都提不起勁，無法集中精神工作或做家事，失去動力。
3. 對之前曾經喜歡的事物興趣缺缺，無法想起開心喜悅的感受。
4. 沒有食慾、體重減輕，或是相反地食慾遽增、體重上升。
5. 睡眠品質不佳或難以入眠，即使有睡也多是淺眠而無法恢復精神。一大早就會醒來，或是相反地睡太多。

6. 毫無理由地感到焦躁不安，無法好好坐著，出現不停踱步、轉手腕、拉扯自己皮膚或衣服等各種焦慮行為。
7. 無法沉著地思考及判斷，肢體動作與對話反應變得遲緩，聲音虛弱，話變少。
8. 容易疲倦，意志消沉無法打起精神。
9. 思考變得悲觀，認為自己沒有價值，有罪惡感。感覺事事不順心，總是過度擔憂。
10. 思考能力與集中力低落，經常猶豫不決。
11. 失去活著的喜悅與希望，想自殺。

看看這些敘述，會發現每個人或多或少都有吻合之處，譬如提不起勁做事、感到焦躁、諸事不順、食慾低落或無法成眠這些情況，壓力大時任誰都會發生，僅是程度多寡的差別。只要狀況輕微不影響日常生活，就算在正常範圍內。

但是，如果同時出現五種以上的症狀，導致抗拒去上班或上學，日常家庭生活也出現問題，就會被診斷為「憂鬱症」。像這樣的精神疾病，正常與異常之間的界線相當模糊。

同樣的，若繭居者出現了超過五種的上列症狀，就會被認定是「憂鬱症」。這兩者之間的確是有部分重疊。有可能是身為繭居族而沒有憂鬱症，也有可能既是繭居族又有憂鬱症，這兩種情況都有機會發生。而依據繭居情形和憂鬱症病狀何者先出現，會有不同的處置方式。

有先罹患憂鬱症，因為長期沒有獲得改善而導致繭居在家的情形，也有剛開始繭居時並沒有憂鬱症狀，但因為長時間足不出戶而造成次發性憂鬱症的情況。後者並不是真正的憂鬱症，而是長期繭居在家導致的「次發性憂鬱傾向」。

吃藥有效嗎？

Q 在諮商後，精神科醫師有開藥給我，但是服藥對繭居情形真的有療效嗎？

A 有些案例的情況的確會因服藥而獲得改善，但大部分我經手過的繭居族，服藥都對他們無效。

兩者的差別是來自於成為繭居族的起因不同。若原本就是因為生理性異常導致足不出戶的情形，吃藥的確能改善症狀。舉例來說，如果是聯繫大腦神經細胞的神經傳導物質發生異常，而引發思覺失調症或憂鬱症時，抗精神病藥物即能對大腦神經細胞發揮效用，這是生理層面的治療奏效的例子。

但相反地，如果是由於來自學校與家庭的壓力過大，或是青春期心理成長遲緩而成為繭居族，而大腦神經細胞沒有任何異狀，那麼無論吃多少藥，只要壓力及心理成長狀況這些根本的原因沒有解決，足不出戶的情形就無法獲得改善。這種情況很難從生理層面進行治療，應從心理層面的諮商，以及社會層面的歸屬感建立與就業輔導開始著手，才能有顯著的成效。

不過，繭居族的初始成因，究竟是腦部異常還是壓力過大呢？這就像到底是先有雞還是先有蛋的老問題，不會有一個明確的結論。在不得不下診斷時，只能依賴專家的多年經驗及主觀判斷了。

在日本，醫生多半以藥物治療為主。因為沒有充足的時間進行諮商，因此會先診斷為腦部異常。而相對地，諮商師無權開藥，主要僅負責諮商，故會傾向於將成因判斷為壓力過大或心理變化。此外，先嘗試藥物療效，讓個案服藥兩到三週後，若情況沒有好轉再停藥進行諮商，也是一種常見的方式。

心理諮商的流程為何？

Q 我聽說心理諮商能改善繭居族的情形，可以藉此完全治癒嗎？此外，具體來說心理諮商會做些什麼呢？

A 如果個案本人有意願主動接受諮商，諮商的確能發揮顯著的效果。藉由對值得信賴的諮商師充分敘述自己的感受，不僅能整理內心，還能發現至今沒有察覺的蛛絲馬跡，找回自信心。

多數人對諮商容易有先入為主的想像，認為它就是諮商師針對諮商個案的疑問與煩惱提出建議，但這並不是心理諮商的原貌。的確在極少數情況下，藉由提供建議與明確的資訊就能夠解決問題，但多數時候，僅僅這樣是不足以扭轉病狀的。

如果是可以輕易提出的單純建議，個案在求助前，一定自己嘗試過同樣的方法了。大部分的人就是因為這麼做了情況也沒有改善，才會前來求助諮商師。

基本上，心理諮商並不是由諮商師對個案發言，相反地，還需要個案向諮商師吐露大量心聲，諮商師則負責引導談話方式及內容。個案在這樣的架構下敘述自己的人生故事，會逐漸發現不同以往的思考角度。

我們在日常生活中，常會在不知不覺中建立一些固定模式。某件事情會造成某種特定困擾的這種認知，其實也是被限制在某種框架內的想法。然而在諮商過程中，諮商師會以客觀的立場提供不同的思維模式，讓個案看清至今不曾提及，以及心裡明白卻猶豫是否要說出口的部分，藉此發現嶄新的解讀角度，並覺悟至今的思考模式有多麼狹隘。

某位女性接受諮商後的感想如下：

「這是我這輩子第一次，完全沒有包袱地將自己的人生故事對另一個人恣意訴說。在敘述的過程中，我發現了很多事情。」

這就是心理諮商的功效。這位女性的談話內容，一定不是在諮商時才第一次提起，雖然她的談話內容依舊是使她困擾多時的同一件事，但是在心理諮商後，她就能注意到許多至今沒有察覺的關鍵訊息。

講述自己或家人的煩惱，需要敞開內心並放下自尊，很難保持情緒平穩。嘗試講述封塵已久的陳年往事時，憤怒、罪惡感、羞恥及不安等負面情緒，都會隨之宣洩而出。雖然分不清這些感受是因為生病引起的，還是自己做或是別人做不好，總之唯一能確定的是，一定有哪裡不對勁。如果當事人過於勉強，硬是講述了明明不願意說的事情，也不會有任何新的啟發。

但是，如果把同樣的內容拿到諮商師面前敘述，只要能將至今侵蝕自信心的各種情感安全釋放的話，反而能藉由談話逐漸找回自信。

至今無法對任何人啟齒，自覺羞恥的經驗，諮商師卻全盤接受了。藉此，雖然過去發生的事實依然不會有任何改變，但是個案對那件事情的詮釋卻能徹底翻轉。意即，原本無法對任何人啟齒，僅屬於自己一人的祕密，現在變成能向別人提起，而且獲得他人理解的尋常小事。

這樣一來，個案就不會再因此感到羞恥及自尊心受損，可以變得積極有活力，健康狀況也會自然好轉，連帶的，工作、生活與人際關係都將獲得大幅改善，繭居族的問題也會逐步解決。

專家真的懂繭居族嗎？

Q 我弟弟變成足不出戶的繭居族了，好幾次我遊說爸媽去接受諮商，但是他們只會回答：「事情變成這樣，我已不知道該怎麼幫那孩子才好，就算去專門機構諮商，你弟又不是他們的小孩，那些專家怎麼可能會懂我們做父母的心情還有當事人的情況。」專家真的能夠理解繭居族本人及父母的感受嗎？

A 講得極端一點，要完全了解另一個人的心情是不可能的。就算你以為你理解了他人感受，也不過是自認為理解罷了。這樣說來，當事人的感受是否有被理解，並不是由專家來判斷，更重要的是由個案自己的感覺來決定。但在諮商過程中，將一直以來在心中認定「專家怎麼可能會懂」的這種想法，扭轉成「這個專家很懂我」，這件事情很關鍵。遇到優秀的諮商師，就能把原本說出口也沒人能懂，專屬於自己的特別事件，轉變為可以對別人訴說，他人也能夠了解的普遍問題。即使頻率不高，但只要在一定條件下，誰都可能因為固定模式的思考而鑽牛角尖。

沒人能懂的問題，就沒有人能夠解決。但是，如果經驗豐富的諮商師能夠了解自己的問題，就會讓個案產生期待，覺得搞不好可以找到解決方法。

回到正題，讓我們重新思考一下何謂「理解某人的感受」。

你真的了解你弟弟與父母，甚至是你自身的感受嗎？

身邊最親近的家人，應該是最了解彼此的，但就因為太過了解對方，反而會看不清一些事，無法保持客觀態度來傾聽「對方的心情」，也無法把對方的感受和自己的感受區隔開來，難免會不自覺地加上自己的情感。搞得原本明明是想講述對方的事，卻變成在訴說自己的心情。

距離越近就越容易看不清，反而距離稍遠的人能看得比較明白，那個人可以是不在日常生活中出現的朋友或專家。正因為他們是與生活無關的局外人，所以能夠真正地了解自己，也能令自己敞開心房地講述自己的故事。

此外，「感受」和「理解」這兩件事要分開來看。「感受」需要的是感性，不需要語言。舉凡悲傷、寂寞、生氣、擔心、無法平靜等，都是內心的主觀體驗。

相對地，「理解」需要理性，要使用語言表達自己當下的心情，或是產生此種感受的原因，將自己的主觀體驗客觀地陳述出來。

出人意料的，即使我們能夠感覺自己的心情，但很多時候我們並不真正理解自己的感受，而諮商師就扮演了幫助我們理解自身感受的關鍵角色。獨自一人時即使能夠感受，也難以做到真正的理解。為了把虛無飄渺的感覺化為理性的了解，我們必須勇敢面對自己的情感與過往經歷，這是一個艱辛的挑戰，容易讓人下意識想逃避這個過程；或是雖然頭腦明白應該要以理性去理解，卻被自己的情緒影響，而無法得到深刻的洞察。

此時，如果能有人保持距離、客觀傾聽，就能夠增進理解，因為那個人不會被情緒影響，可以清楚地看見述說者的情況。只要和此種對象談話，對於自己的心情就不會僅是停留於感受層次，而能夠深入覺察。

這不是一件容易的事，但如果能夠做到，整個人會變得神清氣爽，像是眼界豁然開朗的新鮮體驗，讓人感覺到：「什麼嘛，之前想破頭都沒辦法了解，原來只是這麼一回事。」

就像初次學習某種運動項目或技能，在練到一定程度之前，無論如何都好像沒有進步，讓人覺得非常挫折，但只要越過某個臨界點，突然抓到了訣竅，就會如同一直以來的掙扎不曾存在般地突飛猛進。心理諮商，還有對自己內心的了解，也是如此。

當繭居族拒絕諮商時

Q 我的孩子拒絕去醫院，也不想接受諮商，他完全沒有意願接受治療。即便如此，我還是應該盡力說服他前去諮商嗎？

A 根據當事人拒絕接受治療與諮商的理由，需要採取不同的應對方式。

其中有一種可能性是，其實他們心裡很想找人談談，但是對與人交流沒有信心，恐懼和別人接觸，才展現出抗拒的態度。

多數繭居族都是這樣想的——我連學校朋友或職場同事都不想見了，何況是諮商師。像這樣明明想接受諮商卻無法鼓起勇氣的情況，請你一定要盡力說服他。有些人雖然不想見到同學或同事，但其實他們願意見能夠幫助自己的專家。或許在第一次，他是心不甘情不願地被家人拖來的，但是幾次之後，與諮商師建立了信任感，當事人就會自動自發地前來了。

此外，也可以利用電話或網路等媒介做遠端諮商。有些個案對於面談沒有信心，但是能夠接受講電話或寫電子郵件，此時就可採取這種方式。要面對面，就必須把自己完全暴露在對方眼前，容易令人緊張。

藉由電子通訊媒體，讓自己只需要透露部分資訊，就可以相對輕鬆地交談。講電話時，對方只會聽見自己的聲音，不會看到自己的模樣。如果是電子郵件，只需要寫下自己想說的事情，自己的特質等，其他資訊都不用透露給對方。我在「東京都繭居族支援專線」與「東京都青少年綜合諮商」服務時，頻繁的採用這種諮商方式。雖然面對面談話的成效最為顯著，但是遠端諮商也能達到一定的效果。

不過，會拒絕諮商還有另一種可能性，那就是當事人覺得自己很正常、沒有問題，亦即成為繭居族並不是因為自己的問題，都是爸媽、學校或公司等其他人的錯。如果他目前的想法是如此，即使勉強來諮商，也不會有任何效果。

這種情況下，建議由家人來接受諮商更能發揮功效。

家庭諮商有效嗎？

Q 有人建議我們，如果孩子本人不願意，先由父母接受諮商也是一個辦法。但是繭居的是他，又不是我們父母有問題，家庭諮商可以做到些什麼呢？

A 家庭諮商的目的，是要疏通整個家庭的癥結，讓家庭恢復活力，才有足夠的能量來解決繭居問題。

雖然常有人說，孩子把自己關起來是父母不好、都是父母的責任，但是請父母來接受諮商，並不是因為認為父母有問題。很多人都會誤解「家庭諮商」是著眼於解決家庭問題，事實上出發點正好相反。

家庭存在問題也無妨，有缺陷也沒關係，無論是哪個家庭都有其優點和缺點，這世上並不存在所謂的完美家庭。我們的焦點不是放在如何找到缺點並予以去除，而是要強化好的部分，這樣從結果來看，就能讓缺點漸漸變得不是那麼重要。關鍵是要著眼於找出優點的正向思考，而不是找出問題與缺點的負面思考模式。

進行家庭諮商，是為了讓家庭尋回自主解決問題的力量，而不是在家人身上追究孩子變成繭居族的原因。

我們在遇到惱人的問題時，總是傾向於追究起因。是繭居族本人的問題嗎？是家人有問題嗎？還是學校或公司有問題呢？我們會去追究這些問題，開始互相推卸責任，但這對事情沒有任何幫助，不論責任歸屬為何，都無助於解決眼前的情況。更何況，答案通常是所有環節都出了問題。不管是家庭、學校、社會或孩子本身，都脫不了關係。每個人身上都有各種大小不一的問題，只能不斷設法克服困難往前走，亦即，不管是繭居族本人、家人、學校或社會，都擁有突破困境的力量。

與人來往，難免會受傷害。而長期繭居在家，不僅是賠上當事人未來的嚴重問題，也代表他已失去靠自己重新振作的力量。

雖然接受諮商確實是最有效的方式，但如果當事人缺乏發自內心渴望改變自己而尋求幫助的態度，諮商就無法發揮效果。

在棒球及足球等團隊運動中，為了在比賽中取得勝利，促使各別選手進步固然很重要，但更要緊的是加強整體團隊的能力，只要能達成良好的團隊合作，每位選手也會自然地成長。同樣的，只要能引發家庭團隊合作的力量，每位成員也會自然隨之改變。家人可以施力的點，比想像中還多。

不管哪個家庭都具備超越困境的應對能力及餘力，如果這些力量衰減，家庭關係就會僵化，無法跳脫固定模式。

當家庭關係風平浪靜時，就算能量有些低落，也不會發生太大的問題，但是若是此時家裡發生了重大事件，譬如孩子變成繭居族，光靠家庭成員的力量已不足以應付困境，便會困在僵局裡走不出來。個性靈活的家庭成員，就算不特別深思熟慮，也能自然地將人生的各種變化及問題處理得宜，與其他家庭成員相處也能隨機應變，視情況調整自己。就像使用柔軟有彈性的橡皮擦能夠輕易地擦掉錯字，但若是變得硬梆梆的橡皮擦，只會越擦越髒而已。

當出現以下這些情況時，表示一個家庭正逐漸彈性疲乏。

一、父母沒有意識到孩子已經進入青春期，還是以對待幼兒的態度過分保護孩子。如果孩子犯錯失敗，父母總是忍不住出手善後，攬起原本應由孩子自己承擔的責任。

二、太過擔憂孩子是否會失敗或是受傷，沒辦法把責任和工作完全託付給孩子，總是忍不住出手干涉。

三、父母對孩子的成績和未來懷著殷切的期盼，造成孩子心理壓力過大，無法採取行動而停滯不前。

四、父母長時間擔憂其他事務，不自覺地累積了過多壓力，又把此種憂慮和對孩子的擔憂混淆在一起，造成對孩子過度擔心的情形。

五、父母雙方對孩子的教養及教育方針出現歧異，無法同心協力地養育孩子。

舉個具體的例子來說明，會比較清楚。下面的專欄，就是一對父母在化解了夫妻的僵局後，孩子重新振作起來的例子。

家人之間無法跨越的牆

有一對父母來找我諮商繭居族孩子的情況。

「我兒子的問題，應該是他心裡生病了，醫院裡的醫生也是這麼告訴我。」

然而，這對父母還無法完全接受這個事實。

「我兒子平常也有成熟穩重的一面，但是相反的，也有還沒完全長大的部分。這到底是生病還是個性問題，我搞不清楚。還有，跟孩子的問題雖然沒什麼關係，其實我們家人之間有一道無法跨越的牆，不瞞您說，像這樣夫妻兩人一起來諮商，還是頭一遭。」

乍看之下，這是一對感情融洽的夫妻，不過談起話來總有些不自在，我想他們夫妻在家裡，應該不會一起討論孩子的事情或其他重要的家務事。

「平常，我們只有『要吃什麼』、『今天會晚點回家』這種普通日常對話，沒辦法有更深入的談話，夫妻都避免彼此面對，也就是說，夫妻間有一道難以跨越的高牆。這問題在孩子出生前就有了，包括和雙方原生家庭的爭執，以及對養育孩子方式的想法不同。這些問題存在家中很久，只要觸及這個話題，我們就一定會吵架，所以盡量避免談及此事。對於孩子的現況，其實我也希望兩個人能好好討論，但卻很遺憾的無法做到。」

「我們的孩子雖然年紀不小了，但有些地方還很不成熟。身為父母，其實我是想要這樣說的，但不知為何總說不出口。難道是我長久以來無論對誰都不說出自己真正的想法嗎？……隨著諮商內容逐步深入，我漸漸有這樣的感覺。」

「至今我從來沒有想過這些事情。只要想到孩子的事，不知怎的我就會感到害怕，不知道該如何與孩子相處……。我好像在對身為父母的自己說謊，真的覺得很內疚。」

談話內容漸漸深入後，這對父母似乎意識到夫妻間的問題和孩子的問題是相連的。

「關於這些事，我心裡一直都明白，但是要承認，實在是太難受了，所以就擱在一邊。只要一想到為了解決孩子的問題，自己也必須面對夫妻之間的高牆，就覺得無法承受。現在只不過來諮商一次，就注意到這麼多事，真的是讓我恍然大悟。今後該怎麼做才好，我回家後會試著思考看看。」

「有諮商師在場一起談話，我就會覺得夫妻必須要互相面對，但是回到日常生活後，那樣的想法又會漸漸淡去。雖然知道自己應該要那樣做，但果然還是做不到。早在幾年前我就知道這些事了，但就是做不到，我已經累了。現在就算再加入第三者一起談話，也只是浪費時間罷了。不過另一方面，孩子的問題一定要想想辦法，為了孩子的事，我決定先一個人接受諮商。」

「我試著對諮商師說真心話，身為父親，我其實不知道該怎麼和孩子相處。至今我做的事都錯了嗎？我已經沒什麼自信了。但是，諮商師說我並沒有犯什麼太大的錯，讓我鬆了一口氣。孩子的事情現在我可以稍微放心了，但是對於那個根本的問題，我們夫妻之間的高牆，我實在是無計可施。」

能對諮商師說出「上次我太太在，我說不出口」這件事很重要。為何這麼說呢？因為這才是先生真正的心聲。先生認真在考慮孩子的事與家庭的事，也因此感到苦惱。他也開始反省，至今工作太忙，過去的確沒有足夠的時間關心家人。

但是，先生無法把自己的真心話告訴太太，因為兩個人的教育方針實在太過歧異，如果先生說了自己的心聲，就等於否定了太太的想法和心情。這麼一來，太太應該也不能完全接受先生的想法，不是對他生氣，就是忽視他。不過位處兩人之間的諮商師可以用第三者的身分，接受父親的真實心聲。

母親也找了機會一個人來諮商，說了很多關於孩子與家庭的事，但是，她說的內容和第一次來諮商時完全不同。她說了很多她先生在場時說不出口的話，這些才是母親真正的心聲。

的確，從太太的角度來看，情況看起來是「我先生他根本不關心家人，總是避開我們」，但從先生的角度來看，則是「我太太她太寵孩子了」；兩個人所說的根本兜不在一塊。但是退一步的話，就可以看到整體的情況。

若從兩個不同的角度來看同一個家庭，雖然會看到相當不同的模樣，不過其根本並不會改變。太太與先生共同擁有的根本就是，家人的重要性。對自己來說，對方與孩子是無法取代的避風港。家人之間想要相互親近、珍惜對方，這樣的心情非常自然，然而在實際生活中，卻很容易忽略對方的愛意，真的非常可惜。

在幾次的夫妻個別諮商後，兩人終於又要一起來了。可想而知，他們下了很大的決心，非常努力才終於能走到這一步。

和這次的諮商相比，剛開始那次輕鬆多了，因為那時後只要針對孩子的問題談話就行，只要是為了孩子，夫妻倆配合度都很高。

但是這次必須觸碰夫妻間的敏感問題，這件事，大家心裡都有數。

要面對此事，需要無比的勇氣。這次他們兩人鼓起勇氣來找我了。

不過兩人只要面對彼此，就沒辦法好好談家裡的事，總是會生氣吵架。為了避免這種局面，只好避開這個話題，然而這樣做，又會讓對方感覺被忽視和拒絕。再也沒有比被自己重視的人忽視和拒絕，更令人難受的事了。結果不是吵架，就是被忽視，不管是哪一種都會讓人受傷。

諮商師就像相撲比賽中的裁判一樣，站在兩個人之間，協助雙方安全地表達自己的真實心情。

身而為人，不管是誰都有脆弱的一面。那可能是自覺不如人之處、感覺骯髒羞愧的一面、自己也不喜歡的部分、悲傷的一面、害怕的事物與再也不想體驗的經歷等。

我們會自己為心中的這些部分築起一道鐵絲網，不但禁止任何人進入，本身也絕不觸碰，絕不想起這些面向。我們在內心把這些感受丟棄，一直以來都無視這些情感的存在，何況是讓他人靠近，更是絕對要嚴加防範。因為如果他們踏進那些領域，看到了自己負面的模樣，好不容易才建立的自尊就會崩毀，感覺自己很悲慘，失去自我價值。

人類的本質就是脆弱。每個人都有禁止別人踏入的內心堡壘，如果是在祥和的尋常日子裡，並不會產生什麼影響，但是需要家人真誠面對彼此時，就會造成問題。

人類就是因為弱小，所以拼命努力要變得更好，增強體力、獲取高學歷、提升地位及增加財富，藉由提升自我條件，並把這些當作盔甲穿戴在身上，盡力讓自己看起來更優秀。但是習慣穿著這些盔甲以後，不知不覺就會誤以為這是原本的自我，對這個強勢的外表深信不疑，也將誤會周遭的人是因為自己很強、很有能力等優點，才會接受自己，並盡量避免去面對其實自己可能只是弱小存在的這個恐懼。

只要能夠接受自己脆弱的部分，就能夠認同別人的脆弱。這樣一來，彼此的互動就能穿過表面的盔甲，以真實的自我和對方連結。

但是，這麼做伴隨著莫大的風險，一直以來我們都是藉著努力進步並展現自己的優勢，讓別人認為我們很優秀而接受我們。無論是升學考試、就業、工作、談生意還有結婚，這些事情我們都是以能力與美貌作為武器，一路支撐自己走過來的。

以這種邏輯來看，如果讓別人看到自己的脆弱，我們就會被拋棄，因此心裡一直很不安。要能克服這樣的想法並不是簡單的事，但是，其實無論是誰都能夠做到，只是我們由於害怕會心碎而躊躇不前，認為自己做不到罷了。

接受自己的脆弱，即是立足於人性深處，與真實的自己面對面，然後才能獲得真正的堅強。不是透過自己的優秀，而能透過自己的脆弱來面對對方的話，就不需要憤怒這個武器，也就能夠互相認同彼此的脆弱，並信任對方，開始處理眼前的問題。

這對父母每次談話都會起爭執，好幾次都想放棄了。但是不斷努力持續對話之後，便逐漸能夠理解自己一直無法理解對方的部分。這麼一來，即使如同過去那樣被對方忽視，突然爆發憤怒的頻率也大幅減少，關於孩子的問題，也開始能夠直率的交換意見。

「夫妻間的溝通變好之後，與孩子的溝通也變得順暢。以往即使有話想對孩子說，卻會擔心講了會給孩子造成壓力，反而讓他情況惡化，進而抱怨我們或施暴，所以總是無法直接說出口。

「但是，現在該講的事我會直接講，孩子的情況也在逐漸改善中。雖然仍是不免有些擔心，不過現在的情況似乎還過得去，感覺他有所成長，比之前更有大人的樣子，雖然還不能斷言已經沒問題，但是至少能看見逐漸改善的曙光了。」

只是守護著繭居族的孩子就可以了嗎？

Q 對於孩子變成繭居族的問題，我去過很多地方諮商。每個地方的人都告訴我要溫柔守護他，讓他好好休息。但是這樣真的對嗎？我就是一直這樣守護著他，可是情況一點都沒有好轉。

A 守護他、讓他休息，的確是照顧繭居族的基本原則。但如果繭居情形長時間沒有改善，光靠這兩件事情是不夠的，也必須適時地推他一把，不過時機和力道拿捏不易，如果沒有掌握好，反而會使情況惡化。以下分為兩個階段來討論。

第一階段：打造安心舒適的繭居環境

在繭居生活初期，需要減緩當事人的焦慮與不安，讓他的心情可以穩定下來。

孩子開始足不出戶時，不管是孩子本人或是父母都會感到極度不安，異常焦慮。心裡會想這樣下去怎麼得了，如果不趕快想辦法，將來會無法挽救，於是開始情緒上焦慮不安的惡性循環。

然而，「焦慮」只是讓情緒空轉，對事情並沒有任何幫助。父母首先要先安撫自己的情緒，讓心情平靜下來，因此諮商師才會強調「父母要溫柔守護，讓孩子休息。」

有些孩子在充分休息後，會找回平靜與活力，自己重新站起來。但是對沒辦法自己振作，長時間閉門不出的孩子來說，需要下面的應對方式。

第二階段：打造能安心與社會接軌的環境

為了告別繭居生活重返社會，當事人必須改變「是因為父母不好我才會變成這樣，都是父母的責任。」這種推卸責任的想法，將它轉變成「我必須自己想辦法振作起來」這樣的心念，好好負起責任。孩子本來就該要自己下定決心，而不是由家人或身邊的人來勸導。

要是家人把繭居環境打造得太過安心舒適，孩子就會待在裡面不想出來，也不想改變。因此，只要心情平復之後，家人就可以主動營造可以讓當事人轉換心情的環境。

為了達到這個目標，父母要對孩子說一些正面的話語，例如「你應該已經可以去外面看看了，沒有必要整天悶在家裡」、「雖然外面的世界很危險，但是你一定有能力保護自己」、「即使受傷也沒關係，你擁有克服困難的力量」、「不用整天待在家裡喔，拿出信心和決心，試著走出去看看吧」。

不過很重要的一點是，父母必須要在自身擁有足夠的安心感以及充分信任孩子的前提之下，才能說出這些話，不然這些話反而只會讓孩子不安。孩子看穿了父母心底的不安，也就無法消除自己的不安。

父母只要接受與等待就夠了嗎？

Q 參加父母交流會，他們說基本原則是「接受孩子原本的樣子」、「不要放棄他，持續地以愛灌溉他」。但是我一直都做不到，也不知道要怎麼樣才能做到。

我兒子辭掉上一個打工已經兩個星期了，我什麼都不對他說比較好嗎？我應該默默等待嗎？或是，身為父母應該要採取哪些行動才好呢？

A 「原本的樣子」所指涉的，是很深遠的含意。

很多人會產生誤會，把閉門不出的繭居狀態當作是「原本的樣子」，但這其實不是孩子本來的真實模樣。要接受的不是孩子表面的行為，而是在那背後的，孩子真正的想法和感受。

即使孩子現在把自己關在家裡，可能也只是因為同時發生了太多不如意的事，讓他暫時停下腳步，但是人類擁有無限的可能性，孩子內心其實擁有奮力向前的能量。您要不被周圍的聲音影響，不是只看表面，而是接受他內心原本的模樣。

這就是父母傳達給孩子肯定的愛。只要能相信孩子本性為善，認為他必將克服困境，不要過度擔心失敗的可能性，那麼無論是默默等待，或是強烈建議孩子前進都可以。

舉例而言，您可以進行像下面這樣的對話。

父母：即使你現在一時做不到也沒關係，我知道你最後一定沒問題的。

孩子：你怎麼知道我做得到？

父母：嗯，我也沒有什麼具體根據，但是我們都相信你做得到喔。

父母的愛，有分肯定的愛與否定的愛這兩種。

否定的愛，是指父母總往不好的方面想，不停擔心孩子的事，不信任其本身的韌性，總認為他還無法靠自己的力量生存。心想如果他一直這樣足不出戶，將來就毀了，但是又擔憂這樣說的話，孩子會生氣或因絕望而崩潰，因此無法違背孩子的心情，常常跟他開空頭支票，過度寵溺，不管他講什麼都接受。但其實這並不是所謂「認同他原本的樣子」，這只是對孩子言聽計從罷了。

若是肯定的愛，父母對孩子的失當行為或無理取鬧會明確地制止。孩子還無法正確地判斷善惡，也不知道該怎麼考量自己的未來，父母對於孩子的良好行為，應該大力給予肯定，對於不妥的舉動，應該清楚地表示拒絕。正是因為相信孩子的韌性，父母確信即使自己拒絕或制止，孩子也能從一時的失落中迅速恢復，繼續前進。

否定的愛會讓人過度擔心孩子，把注意力都放在避免危險上，即使孩子想往前邁進，也會潑他冷水。

肯定的愛則能克服擔憂與不安，成為支持孩子探索這個世界的原動力。

孩子需要肯定的愛。特別是，為了在身心劇烈變化的青春期能夠勇敢面對各種困難、提起自信與別人交流、建立堅定的自我認同，並脫離父母羽翼而獨立自主，他們需要肯定自己。

繭居族如果能對自己抱持正面的想法，即使被周遭的人稍微否定，也能迅速復原，能夠保持「現在的我已經夠好了」這樣的信念，不會輕易動搖。但如果自我認同感低落，就容易擔心周遭的風吹草動，感覺到被別人侵犯，而因此憤怒不平，不願出門，和身邊的人無法好好相處。

為了讓孩子能正面看待自己，擁有自信，父母需要給予大量肯定的愛。能做到這件事的只有最靠近孩子，絕對信賴他們的父母。

青春期時，積極向前的自立心以及消極的依賴心會同時存在。所謂消極的心情是指，孩子會認為自己一個人什麼都做不到，一定要依賴別人獲得幫助，不然事情就無法做好，如果事情不順利，他也會認為都是別人的錯。

相反地，積極的心情會想要靠自己的力量克服困難。對於一般人而言比較難以理解的是，積極與消極的心情其實並沒有「何者為真或何者為假」，兩者皆是真實感受。

繭居情形是由消極的依賴心所衍生的，只要開始足不出戶，原本的積極心態也會漸漸消失，依賴心逐漸擴大，這種情況稱為「退化」。像是把責任推卸到父母身上、逃避與人交往，如果把這些因為依賴而產生的需求當作孩子原本的模樣全盤接受，孩子的消極心態會更加惡化，變得無法前進。

認同並接受自己想撒嬌、想依賴的心情很重要，但不能僅止於此，也必須認同自己逐漸發展出的積極向前的獨立心。

「咦？你變得成熟好多！」

像這樣把焦點放在想獨立的心情，那部分就會成長。父母的話對孩子有很大的影響。

「原來我也做得到嘛。」

孩子會像這樣逐漸累積自信。

不過，這比想像中更難做到。長期閉門不出，內心已變得消極悲觀的青少年，本來擁有的積極心態都退縮了。要從這種狀態找回想獨立的心情，是極度困難的工作，而為了能妥善引導，就需要利用父母本身擁有的肯定力量。

大人也和青春期的孩子一樣，同時擁有積極與消極兩種心態，在面對孩子時，心情也常在這兩者間搖擺不定。若是大人的心情正面積極，就能產生安全感和自信，這樣的話，孩子也不會一直停滯在撒嬌與依賴的狀態，很快就可以找到偶然一閃而現的獨立心。

相反的，若父母心態悲觀，沒有信心與孩子互動，內心充滿不安，那麼即使有些時候孩子心情稍微振作，父母也不會發現這個改變，以致於錯過了鼓勵孩子的時機。因為父母本身的頻率和孩子消極依賴的部分吻合，所以容易把焦點都放在那裡。

也就是說，如果想培育孩子積極獨立的態度，很重要的是父母本身的心態也要積極正向，保持精神愉快、有活力。否則，無論如何努力，消極悲觀的心也只能散發出負面訊息；如果心情變得正面，即使沒有特別意識，也能自然傳達正向能量。

若是父母能發揮肯定的愛來和孩子相處，情況會像下面這樣。

孩子開始足不出戶時，父母會詢問他原因。也許是因為晚上無法成眠早上爬不起來、提不起力氣，因為累了或是沒有進入群眾的自信、沒辦法融入大家總覺得尷尬、沒有信心跟上課業進度、被朋友或同事霸凌，或是在優秀的朋友面前感到抬不起頭等，也許是因為有這些困難，才會開始逃避與人相處。

父母要用心聆聽孩子訴說的原因，並完全接受，面對這些話語不用責罵也不需要去激勵孩子，只要能做到接受，本身就是很大的鼓勵。也不需要提供建議，如果孩子主動詢問的話可以回答，但是若孩子什麼都沒問，父母卻主動給予建議的話，會變成是在勉強孩子。

也有可能，對於足不出戶的原因，孩子什麼都不肯說。這時候請不要勉強逼問，他不願意說，應該是因為還沒有做好心理準備，請再耐心等候一陣子。

和孩子問話時很重要的是，父母本身不能散發負面氣息（從內在散發出的能量）。如果父母是逼問的語氣，孩子害怕父母生氣，可能更說不出口。孩子會變成繭居族，一定是有原因的，首先要請父母理解並接受，然後就是相信孩子的力量並耐心等待。

要是父母能保持正面的態度，就能這樣思考：「現在孩子遇到困難，只是暫時休息一下，為了重新調整身心狀態而退回自己的堡壘，等到時機成熟，他會靠自己的力量重新站起來往前走的。」不需要太過擔心，如果父母擔心，那麼孩子也會變得擔憂，要相信孩子的復原力，放鬆心情等待。

不過，即使理性上能夠理解這些道理，實行起來卻相當不容易。即使明明知道要相信孩子，卻無法充分信任，心中充滿不安。這種時刻，在要面對孩子的心之前，父母要先好好面對自己的心，整理好自己的情緒。

例如，對孩子感到不滿或生氣的情況：「父母都已經為你做這麼多了，為什麼你不聽我的話呢？為什麼你不認真面對呢？」因為這樣的想法而忿忿不平。憤怒與不平，其實是不安和恐懼的防衛心態，隱藏在憤怒背後的其實是不安。如果能清楚了解這點，就能理解自己為什麼會對孩子生氣。所以首先，要把這樣的心情表達出來。

父母對孩子感到憤怒不平，就代表父母內心其實懷抱著強烈的不安，此時該做的不是對孩子生氣，而是把藏在心底的不安坦白告訴孩子：「爸媽有多麼擔心你，多麼認真地在考慮你的事。」應該把這些都讓孩子知道，因為這就等同於，傳達父母對孩子的愛。

對孩子發脾氣，會讓父母開始懷疑自己是否真的愛孩子。然而生氣時，父母必定是打從心底深愛著孩子，只是那份愛被不安的情緒掩蓋，轉變為憤怒。此時，父母必須接受那份藏在憤怒背後，自己對孩子的擔憂不安。這是一件難受的事，不過只要能夠表達不安的心情並接受自己，就沒有必要再生氣了。

為了要能放下不滿，傳達不安，父母必須調適自己的心態，讓自己變得正面積極。抱持正面的態度來陳述不安，也就意味著父母不再認為這些情緒是絕對的存在，進而能夠克服它們。

透露自己的不安需要極大的勇氣。繭居者看到父母即使苦惱，也不會被不安的情緒壓垮，能夠勇敢接受自己正在苦惱的事實，且內心並未因此而支離破碎，能夠重新站起的身影，他們會感到很安心。如果父母能在孩子面前展現脆弱的一面，孩子就能認同自己的脆弱，並擁抱脆弱的自己往前走。

此外，父母沒有必要害怕孩子的憤怒。憤怒這種情緒，就是為了讓對方感覺恐懼進而遠離，因此會害怕是一定的，但父母要提起勇氣去對抗它。在孩子憤怒的情緒背後，也隱藏著不安，父母要試著去接受這個部分，相信孩子，真誠地告訴他：「沒問題的。你一定做得到，不用擔心。」只要能化解不安，憤怒的情緒自然就會消散，能夠平靜下來談話。

青春期對青少年本人及父母來說，都是非常不安的時期，但如果被這個不安擊垮，就無法繼續成長。此刻父母能夠做到的是，面對自身的不安全感並放下它。如此一來，孩子也就能克服不安全感，向前邁進。

在青春期，促使孩子成長的動力來源是安全感。如果父母有安全感，孩子也能有安全感。父母要持續帶給孩子安全感，對他說：「不管發生什麼事，如果是你，都沒問題的。我們也會一直守護著你，絕對不會丟下你。」

害怕被拋棄的不安，會讓孩子心靈成長

Q 老實說，我最近有在反省自己一向太干涉孩子了，但是，如果突然都不管他，孩子會不會覺得自己被父母拋棄了呢？

A 是會這樣沒錯。但是，這種被拋下的感覺，會促使孩子的心成長。

在青春期，未成熟而渴望父母協助的幼小心靈，與尋求獨立、想靠自己力量挑戰的進取心同時存在，此時很重要的是，父母要無視幼小心靈的需求。幼小心靈會因此感到困惑不解，更加地伸長了手想撒嬌，希望能換來父母的照料。

但是，此時父母不能答應，要回答：「你已經長大了，可以自己處理。」而無視幼小心靈的哀求。這樣的話，孩子想要努力嘗試的進取心就會擴張，接住父母拋來的訊息，發揮自己的潛力。對於想依賴父母，總想著「我做不到」、「爸媽請你幫我」的幼小心靈，父母要盡全力無視它，而去肯定孩子獨立進取的另一面。

「你可以一個人做到的，不需要爸爸媽媽來幫你了。自己努力看看吧！」父母仍關愛著孩子，同時也放手讓他自己成長。這並不是要拋下他，而是父母相信孩子的力量，退到旁邊守護。

我們常見到父母搞混了「不拋下孩子」與「不離開孩子身邊」這兩者的意思。孩子到了青春期，父母還是不斷出手幫孩子解決問題，這等同於給予孩子否定的愛，不認同他的自主性。

若能信賴孩子自己的成長，父母就能相信他即使碰到問題，也有能力自己解決。這麼一來，就算不能完全掌握孩子的狀況，或是孩子遇到困難時不馬上出手干涉，也可以從旁默默守護。父母放開孩子年幼時緊握的那隻手，保持距離地關心孩子，就是父母在孩子青春期時該做到的「不拋下孩子」了。

當孩子說想自殺時

Q 我的孩子成為繭居族已經五年了，最近他說想要自殺，我該怎麼辦才好？

A 詢問他為什麼想死，試著去理解他。

對父母來說，沒有比孩子說想死更讓人無法承受的事，不但令人心痛，也使人非常不安。

但父母不能當做沒這回事，或聽過就算了，這是很重要的訊息，必須謹慎回應。

有相當多的青少年會發出「我想死」的訊息，其中有些人的意思是「生活痛苦到讓我不想活下去」，藉此表達生活太難熬，然而也有人真的想要結束生命，總之這句話包含了很多種不同的含意。可是，父母也不能把這些訊息區分得太過清楚，也許本來孩子不是真的想尋死，卻不知不覺中開始認真考慮結束生命。

最近青少年自殺案件不斷增加，媒體也常報導。看一下十五歲以上到三十歲以下的死因排名，會發現比起生病與意外事故等其他理由，自殺已躍居各種死因之冠。不過年輕人的死亡，比起中年以後的世代來說，本來就算相當罕見的，事實上，每一萬個年輕人中因自殺而死的只有兩到三人。嘴巴上說想死的年輕人應該遠高於這個數字，然而他們沒這麼容易結束生命。

但是比起一般青少年，繭居族的自殺率確實相當高。父母聽到孩子說想死，不要驚慌失措、過度焦慮，必須要冷靜應對。

首先，要確認其自殺的可能性。

- 他說想死的頻率為何？是只有一次，還是講了許多次呢？
- 是否有割腕或大量服藥等自殘行為？
- 成為繭居族有多久了？
- 是否有過被霸凌或被施暴的經驗？
- 他是否有考慮具體的自殺手段？還是只是模模糊糊覺得想死？
- 除了對父母說想死外，也有對朋友等其他人說過嗎？

- 是否有準備遺書或信件等物品呢？
- 是否開始處置過往信件或日記，打算整理自己的人生呢？

依據這些問題，可以判斷他自殺風險的高低。

如果自殺風險很高時，必須要趕快採取住院等相關的緊急措施；若判斷孩子的自殺風險不高，便接受他發出的訊息，與他一起思考為什麼會想死，以及要怎麼樣才能不再想死而想活下去。

自殺行為是無法讓人認同的，但是對於想死這種心情，請不要否定它而盡量去接受，因為這是代表他太過痛苦，「想死」這句話，其實只是形容「痛苦」的程度。那種感覺是，「當然我也想活下去，但是活著實在是痛苦到我無法承受，只能選擇一死了之這條路」。

無論是何種狀況，若孩子有自殺的念頭，實際上還是存在結束生命的風險，如果僅由家人處理負擔過大，請盡快向專家求助。

當繭居族高齡化

Q 我弟弟四十歲了，年輕時換過各種打工，這十幾年來則什麼都沒做。

除非必要，他幾乎不和家人講話，我爸已完全放棄他，什麼都不說。我媽雖然會努力找話跟他講，但若說了不中聽的話，他就會大吼：「閉嘴！」有時還會動手。我媽每次都因為害怕而動彈不得，我爸自從退休後整個人氣勢都沒了，兩個人都怕我弟。

雖然一直不管他的我們的確有錯，但是我爸媽這陣子突然變得好老，疲勞已累積到精神負荷的極限。我弟他也不是只待在家裡，他常常什麼都不說就出門，雖然不知道他去哪，但是他沒有朋友，應該都是一個人行動。爸媽也總是默默地給他一些零用錢花。

將來，他的親人就只剩我這個姊姊，我對於是否有能力照顧他，感到相當不安，光是顧自己家的事我就分身乏術了，而且，起初我先生還能夠諒解，但現在也已經放棄他了。

在這樣的時刻，因為某些原因，我爸媽決定要賣掉現在住的房子，他們也有在考慮，如果我弟希望的話，就幫他租一間公寓。前幾天他們跟我弟說了這件事情，我弟他不能接受，拒絕離開這個家。我弟他對自己擁有的東西總是異常執著，他房間都變成垃圾屋了。

即使我們家人想盡辦法要說服他，他也不理不睬，我想寫信給他，請他跟我們談談，卻怕他只會守住房間不予回應。這樣的情況該怎麼處理才好呢？應該去找衛生所或警察諮商嗎？如果硬是把我弟拖出那個家，我擔心他不知道會做出什麼事情。

A 首先，讓父母和弟弟分開來住，對他們都好。

不管是對於現在仍如同幼兒般對父母動手施暴、並持續依賴父母的弟弟來說，或是對於已到達精神極限的父母來說，住在一起絕不是好事。不過，要勸弟弟與父母分居，對體力與精神都已下滑的雙親來說，是太過沉重的負擔。

這次要賣掉房子，對於讓親子分居是再好不過的機會，只是，如果由你父母來說服他，可以想見只會搞得一家烏煙瘴氣，能有第三人介入協助應該比較好。

即使是在父母面前恣意妄為的弟弟，如果有外人在場，應該也會收斂許多。譬如，由身為姊姊的你介入，或是請你丈夫幫忙如何呢？在關係略為疏遠的姊夫面前，你弟弟或許比較能控制情緒，靜下心來談話。或是請諮商機構、保健所、警察或民間支援團體的人在場陪同，也是一個好辦法。

不但父母在與弟弟分開住後可以減輕負擔，弟弟也有空間平復心情。到了這個階段，可以重新檢視弟弟和父母的關係，以親子和解為目標，化解對彼此的憤怒與恐懼，重新建立正常的對話模式。

最近，從十幾二十歲開始閉門不出，過了十幾年一直都沒有出社會就步入中年的繭居族，有增加的趨勢。

離開職場這麼久，老實說，要再找到工作賺錢的可能性非常低。若是無法期待他們能賺取自己生活所需的金額，就必須考慮父母名下的財產該如何提供，又能支撐他多久，以及這件事是否可行。也許只能一邊靠著年金與生活保護（日本最低生活保障制度），一邊靠著父母救濟來生活。

將來即使你是他唯一的親人，也沒有必要像現在父母給他零用錢那樣的照顧他。雖然似乎有點苛刻，但是必須放手到這個程度，令弟才會開始意識到，要活下去不能光靠別人，自己也需要努力。

你要先顧好自己的生活，若行有餘力，也要先確認自己能力所及的範圍，並在這範圍內提供協助。如果你是犧牲自己的生活來幫助弟弟，對他也沒有益處。

繭居族支援的目標

Q 繭居族的治療與支援，究竟要進展到什麼狀態，才算達成目標呢？

A 第一個目標是「當事人能經濟獨立」，即使雙親不在世間了，也能毫無困難的靠自己活下去。

這代表當事人要能夠與家人之外的群眾交流，去學校上課為獨立做準備，或工作賺取自己的生活所需。或是建立自己的家庭，盡到身為家中一份子的責任。

不過，繭居生活越長、年齡越大，這個目標就越難實現。此時，應重新設定支援目標，具體而言如下列的內容。

第二個目標是「與社會接軌」。

長期沒有工作經驗，就很難達到經濟獨立。舉例來說，對於一個快二十歲還沒有工作經驗就成為繭居族，直到超過三十五歲的人，要他賺取可以養活自己的收入這件事極度困難，因此必須放下經濟獨立的目標，退而求其次，以和社會接軌為新的努力方向。

即使可以藉著打工賺取微薄收入，但是仍無法藉此養活自己，需要依靠年金、雙親的財產或生活保護金來生活。另外，也可以透過社福機構，或是擔任志工，在社會中找到自己的容身之處，體驗與他人互動的喜悅，和家人以外的人建立關係。

第三個目標是「和家庭連結」。

如果繭居生活持續太久，有時就連與家人以外的人交流這個目標都必須放棄。剩下的目標就是，在繭居生活中與家人正常對話，了解彼此的心情，與家人共享安心舒適的生活。亦即避免家人間的爭執、打造能安心在家的環境，這與繭居生活的初期目標相同。但是，實際上也有長年下來連這點都做不到的案例。

譬如不和家人說話，或是可以和母親正常對話，但和父親完全沒有互動等情形。如果這樣的情況持續數年，家人間要再重新開始交流，是極為困難的。

在這種情況下，眼前的目標就會是讓家裡恢復成令人感到舒適安心的避風港，不會互相發洩不安、絕望與憤怒等負面情緒，也不會相互敵對、斷絕關係，而是彼此摸索表達想法的方式。

設定這些目標的是當事人的家屬。支援者可以提供現狀分析與未來預測，但是最後的選擇，還是得依憑當事人的判斷。如果主要是繭居族本人尋求支援的話，那麼就是由本人來做選擇，但多半繭居者本人拒絕支援，是家人來請求協助。此時，比起當事人的想法，在設定目標時就要以家人的想法為優先。

Part 5

活用父親的力量

建立與父親的關係

Q 我的孩子成為繭居族已經兩年了。他雖然會去附近的便利商店買東西，但幾乎所有時間都關在自己的房間裡看漫畫、玩電腦遊戲。他說沒有踏出社會的勇氣，也沒有辦法去工作。

孩子大部分的時間都與身為母親的我一起度過。他喜歡說話，與我幾乎是無話不談，但與父親的關係就很惡劣，即使週末見到父親，也幾乎不與父親交談。我們夫妻感情雖然好，但孩子的父親工作忙碌，很少在家，夫妻之間也很少溝通。

A 您的孩子如果只留在與母親相處的「家中的世界」就沒有任何問題，卻似乎沒有足夠的勇氣走向「外面的世界」。青春期是孩子從家中的世界邁向外面世界的時期，母親仍是留在家中的世界溫柔地對待孩子、保護孩子，守護著他們，只這樣做不足以讓孩子走到外面去。外面的世界變幻莫測，令人不安，孩子需要勇氣才能飛向外面的世界，如果母親與孩子太親密，就無法給予他們去到外面的勇氣。

我們不如把這個工作交給父親。將現在遠離孩子的父親，拉到距離孩子更近的位置。沉浸在家中世界、變成繭居族的孩子，經常會莫名地厭惡在外面的世界守衛家庭的父親。相較於母親，孩子平常很少接觸的父親對他們來說是異質的、難以理解的存在。他們會把可怕、不講理、高高在上、愛說教、不願意理解自己，當成拒絕父親的理由，但反過來說，與父親這些異質部分互相適應所得到的自信，能夠引出他們走向外面的力量。

孩子與父親的感情不好沒關係，莫名其妙討厭父親、與父親相處時覺得不自在也無所謂。總而言之，請為孩子創造與這樣異質的父親交流的機會吧！父親掌握了給予孩子勇氣的關鍵，做父母的首先必須充分理解這點。

父親在家裡的時間少，不知道該怎麼與繭居族的孩子相處，也沒有自信能與孩子建立關係。但父親即使無法像母親那樣做出完全符合孩子意圖的應對，也無所謂，與孩子相處時多少一定會帶點生硬的父親，反而剛好給孩子面對尷尬的好機會。

首先，請做父親的主動找令郎說話吧！一開始先避開未來、工作等會惹惱孩子的核心話題，從孩子可以輕鬆附和的話題開始比較好，譬如運動、興趣等就不錯。

父親主動出擊或許會讓令郎覺得厭惡，但是沒有關係。父子相處的場合，請母親也在一旁陪同。母親只要默默地旁觀父子笨拙的交流就可以了。即使兩人聊不太起來，母親也不需要介入兩人之間，只需要讓他們兩人感受到：對於父親想對孩子說話，孩子對此呈現抗拒的情景，她一概都溫暖地包容，就可以了。除此之外，也可以創造全家一起外出、一起吃飯的機會。

再者，也請讓孩子看見夫妻親密對話的樣子。如果可以的話，盡可能聊與孩子無關的話題。孩子覺得與父親相處不自在的時候，讓他看見比較親近自己的母親與父親之間親密對話的樣子，也能讓孩子安心與父親接觸。

請這樣的讓父親加入家庭溝通的圈圈。孩子幾乎所有的時間都在家裡與母親獨處的狀況並不好，將外部異質的事物納入家庭當中，能夠讓孩子產生脫離繭居族，進入外面世界的勇氣。

青春期就是父親該出場的時候

父親是解決繭居問題的特效藥。巧妙活用父親的力量，就能化解繭居的問題。

日本的家庭功能當中，最沒有發揮作用的就是父親的角色。日本是少數至今依然保留濃厚傳統男女分工色彩的社會，明治維新以來，日本的家庭角色分工一直維持著男性在外面闖盪拚事業，女性負責做家事、帶小孩。晚近雖然女性就業變得很普遍，積極加入帶小孩行列的「奶爸」也越來越多，但是在日本人的根本意識中，「養育孩子」的人至今依然以母親為主。

這樣的男女角色分工，非常有效率地支撐了二戰後復興時期的高度經濟成長。如果家庭中沒有什麼特別的問題，這樣的分工已足以讓家庭運轉。但如果家庭中發生了繭居的問題，這樣的角色分工就無法繼續下去。

反過來說，只要父親能夠與孩子建立良好的關係，繭居在家的孩子就能在父親的帶領之下，從封閉的家中世界邁向開放的外面世界。

然而做到這點，實際上並沒有那麼容易。第一，男性與家人相處的時間有限，他們惦記著家人，為了家人拼命工作，結果與家人相處的時間卻很少。這是日本企業文化的問題，光靠父親一人的力量也無法解決。儘管日本企業高舉著停止加班、讓男性也能休育嬰假的標語，實踐起來卻沒有那麼簡單。要讓男性有充分的時間與孩子相處，還需要時間。

第二，日本人沒有在家中養成父親與孩子相處的習慣。儘管父親想在孩子青春期之後與孩子相處，但孩子出生到現在已十年以上，母親在這段時間當中建立了與孩子相處的模式，父親很難有介入的餘地。

第三是母親的抗拒感。母親至此不斷尋求父親的協助，都得不到回應，已放棄期待父親的力量，乾脆獨自一人辛苦地養育孩子。事到如今，就算父親想要介入，母親也不知道夫妻兩人該如何分工才好。而且不習慣與孩子相處的父親突然闖進來，破壞了母親至今辛苦建立起來的相處方式，這也很麻煩。再加上孩子討厭父親，反而會讓事情變得更難處理。因此，母親覺得獨自面對孩子雖然辛苦，但還是獨自解決比較快。

第四是父親的抗拒感。父親向來與家人之間的關係很淡薄，也未曾近距離接觸過孩子，不知道該如何與孩子相處。孩子年紀小的時候還好，到了青春期這個很難相處的時候，就算戰戰兢兢去接觸孩子，也可能遭到孩子的排斥或忽略。父親如果不能克服妻子與孩子的抗拒感，就無法加入家庭溝通。

此外，父親的童年在高度經濟成長期中度過，他們缺乏與自己父親近距離相處的記憶，沒有範例告訴他們父親與孩子該如何相處，他們也不知道具體來說該做哪些溝通才對。

家庭諮商可以幫助各位理解這樣的困難，與各位討論該如何巧妙活用父親的力量。柔軟的夫妻會經常溝通，包容彼此不同的想法，可以視情況與場合改變雙親的角色與相處方式。僵化的家庭很少互相溝通，每個人都執著於自己的想法，不願意改變至今採取的方式，而家庭諮商的目的，就是要恢復家庭的柔軟性。

想說出真心話

Q 兒子在三年前成為繭居族。他因為不再去大學上課而收到留級通知時，我與外子擅自決定幫他辦理了退學。他似乎至今都無法接受我們的決定。

我們向兒子道歉了好幾次：「對不起，爸媽也是幾經煩惱之後才做出這樣的決定。」也曾對他說過：「你也有錯，誰叫你不告訴我們不去上課的理由。」

但我們一直以溫柔的態度對待他：「過去的事情再怎麼後悔也沒有用，爸爸媽媽會和你一起思考今後的事情，你可以不用獨自煩惱，讓我們三個人一起想吧！」

一想到兒子的心情，就覺得最痛苦的人應該是他自己，便忍不住不斷地對他說一些溫柔的話。但是我有時候也會想，他是不是其實希望我們對他發脾氣呢？我想與兒子面對面說出真心話。該怎麼樣才能做到這點呢？

A 請您不要客氣，把身為父母的真心話告訴令郎。

關於退學的事情，您想對令郎說「雖然很抱歉，但是你也有錯」吧！您想溫柔的安慰他，但有時候也想好好地罵他一頓——您想把這些心情都告訴令郎吧！此外，如果您自己也能轉換心情，就能好好面對令郎，把想說的事情好好地告訴他。

為此，您必須找回身為父母的自信。請您轉換想法吧！雖然您想讓抱著痛苦心情的兒子重新站起來，但不能把這個責任攬到自己身上，而是要將責任轉交給孩子自己。

父母之所以會做出退學的判斷，是因為孩子什麼都沒說，只好由父母負起責任。如果支付學費的人是父母，做出這樣的判斷是理所當然，但是，當父母為自己搶先做出判斷而道歉的時候，也請確實指出這是因為孩子沒有好好表達自己的想法。

「今後的事情爸媽會陪你一起想，你不用獨自煩惱」從這句話中，可以看見父母至今都沒有肯定孩子解決事情的能力，企圖幫孩子負起責任的態度。您反而應該對孩子說「今後的事情請你自己好好想一想再做決定。如果有需要爸媽幫忙的地方，請告訴我們」，請把決定權交給孩子自己。

如果您也覺得自己會忍不住一直溫柔的安慰孩子，我想身為父母的您們確實是太溫柔了。我看到的是，您把已長大成人的兒子，當成無法靠自己的力量站起來的小孩子看待。如果父母總是背負起孩子的責任，孩子就無法自己負責。如果父母的擔心凌駕一切，就無法嚴格的斥責孩子，對待孩子的態度也會偏向溫柔。這麼一來，孩子就無法成長。

請好好的分辨什麼時候該對孩子溫柔，什麼時候該斥責孩子。當孩子展現出優秀的一面時，請對他說一些溫柔的話，給他許多稱讚。

相反地，當孩子做錯的時候，請好好地告訴他父母心中的善惡價值。斥責孩子與否定孩子是不同的。當您斥責孩子「這樣不行」的背後，是在告訴孩子「你可以做得更好，請加油」，這對孩子來說其實是一種肯定：「你不能這麼做，你可以更積極！」我也可以理解您會擔心如果用強烈的語氣告訴孩子，會變成是在斥責他，可能會傷了孩子的心。但是，當父母傳達給孩子強烈的訊息時，也是在告訴孩子父母認可他隱藏在心中的堅強，就結果來看是在為孩子打氣。

無法與繭居族深入交談

Q 自從孩子因為不適應學校而退學以來，就一直待在家裡。我們開了好幾次家庭會議，勸孩子出去工作，就算是打工也沒關係，但他總是以「我現在正在找了」當作藉口，最後還是沒有走出家門。身為父母的我們也因為害怕惹他生氣，很難談得更深入。

再這樣下去，他外出的機會將變得越來越少，將來也令人擔心。我們希望他到外面去，就算是從簡單的工作開始也沒關係，也希望他可以重新與朋友聯絡。身為父母的我們該如何勸他才好呢？

我與妻子自認一直都很認真思考這件事，但我們之前也沒有造訪過相關的諮商機構，或許認真的程度還不夠吧！身為父母的我們，該採取什麼樣的態度與行動呢？哥哥也唸我：「父母不振作怎麼行？」

A 請您們更積極地與孩子說話，勸他出去工作。

你們開了好幾次家庭會議勸說孩子，明明這麼努力了，卻依然覺得無法深入交談，在令兄眼中呈現出來的也是「父母不夠振作」的形象，這代表父母還有更深入介入的餘地。深入交談是一件很困難的事，父母需要具備面對孩子的勇氣。父母可能擔心如果深入交談，會傷害孩子、使孩子崩潰，因此無法判斷自己可以深入到哪個程度，到什麼程度應該停止。

「害怕惹他生氣」，通常出現在戰戰兢兢與容易生氣的人相處的時候，但是這樣的相處態度無法讓孩子自立。所謂「父母要振作」，指的是父母必須有勇氣把應該告訴孩子的事情確實告訴他。孩子受到傷害，才能與任性的自我訣別，獲得離開家裡的自信。如果孩子能夠從與父母的衝突中獲得受傷、修復的經驗，那麼即使在外面的世界受到別人傷害，也能想辦法復原。這麼一來就能用父母的力量，引導孩子走向外面的世界。

父母為了做到這點，必須對孩子保持肯定的印象。只要預設孩子即使受到傷害也能夠堅強地克服，便能毫不畏懼地把孩子應該知道的事情告訴他。反之，如果對孩子抱持著否定的印象，就會預設孩子只要聽到稍微重一點的話就有可能不開心、崩潰。父母與孩子相處的時候，不能怕惹孩子生氣，孩子如果沒有克服傷害的機會，就無法走到外面去。

你們要不要先試著拜訪諮商機構呢？逐漸不知道該怎麼與孩子相處才好的時候，可以拜訪專家，向他說明你們一直以來採取的相處方式與態度，能夠回顧身為父母的自己至今做了哪些事情，找出至今未曾發現的新方法。只不過，前往諮商也伴隨著風險，因為即使接受諮商，孩子也可能不願意充分理解你們的想法、違背你們的期待、用話語傷害你們。做好承受風險的心理準備，並試著採取行動，是很重要的。父母不應該迴避風險，而是應該面對風險。如果父母能夠做出這樣的示範，孩子也能學會面對走出家門的風險。

讓父親參與諮商

Q 孩子變成了繭居族，我想帶他去接受親子諮商。但孩子的父親工作很忙，他表示希望由身為母親的我全權負責。父親在諮商中缺席也沒關係嗎？

A 沒關係的。家庭諮商可以雙親一起出席，也可以只由其中一人出席。大約三十年前，家族療法剛開始的時候，的確是有家族全員必須一起接受諮商的想法，但現在已經不這麼想了。一人、兩人，或是包含祖父母或兄弟姊妹的多人諮商都無所謂。家庭諮商的原則，是把繭居的孩子本人的問題，與孩子和家庭關係的相互作用一併考慮進去。就算只有母親獨自一人，也請前往接受諮商。

但是，請您再稍微深入思考一下。您的丈夫表示要交由身為母親的您全權負責吧？說不定這就是解決問題的切入點，他是否一直以來工作繁忙，導致與孩子相處的人都是母親呢？如果家庭的相處模式是在這樣的狀況下形成，那麼讓至今未曾參與孩子成長的父親加入，就能產生新的家庭關係模式。這能夠為孩子的繭居狀況帶來好的變化。但是就現狀來說，要讓父親參加諮商似乎有困難，因此首先可以在與母親的諮商中，討論該如何讓父親也能參加。

父親為什麼會說出「交由母親全權負責」這樣的話呢？或許真的只是單純因為工作很忙，抽不出時間。但是，如果父親認真面對孩子繭居的問題，也想參加諮商，那麼應該無論如何都能調整工作狀況。

很多男性都不喜歡諮商，因為他們不擅長向別人求救。男性自古以來就以「一國一城之主」的身分發揮領導力，建立自己在家中的價值，肩負保護家人免於受到外部侵襲的任務。現在如此誇口的男性雖然變少了，但多數的男性仍抱著從前的自尊過活，在內心依然認為自己是家庭決策的主體，不該如此隨便與別人商量。

此外，男性不像女性那樣，可以好好將感受化為言語表達出來。父親世代的男性從小就被教導「要默默做事」、「不能示弱」，而吐露自己的悲傷、不安、恐懼等負面情感都被視為是「示弱」，因此他們十分抗拒向他人表達這樣的情緒。

其實男性也擁有許多關於公司或家庭的煩惱、傷害，但他們將這樣的情緒壓抑在自己的內心。當這樣的情緒累積到無法忍受的時候，就會轉變為「憤怒」，並且透過攻擊身邊的人來宣洩。男性其實也不想生氣，但是他們只會透過生氣來將自己的情緒表現出來，這種方式最後將使他們陷入與妻兒漸行漸遠的惡性循環。

除此之外，或許也有其他因素驅使您丈夫說出「交由母親全權負責」這樣的話。舉例來說，他一直以來都把教養孩子的責任交給您，自己未曾與孩子相處，即使想在孩子進入青春期之後與孩子建立關係，也不知道該怎麼做。他或許沒有與孩子相處的自信。

或者即使他想以父親的方式對待孩子，母親也對他說「這麼做不好」，結果因為夫妻意見不合而爭吵，使他產生父親還是不要插手比較好的想法。身為母親的您，或許在內心深處其實也不希望父親多管閒事。

我可以想見父親即使與孩子說話，也會遭到忽視或拒絕，這或許會讓他變得興致缺缺。又或者他小時候與自己父親相處的經驗極少，說老實話他也不知道父親這個角色該如何與孩子相處。

請您在獨自前往諮商的時候，和諮商師好好商量這些事情。當你們在討論母親該如何對待孩子才好、該如何為孩子打氣的同時，也必須探討該如何讓父親也能與孩子建立關係、夫妻間該如何好好互相幫助等問題。

繭居族與父親的關係獲得改善的範例

Q 兒子在小學的時候遭到老師責罵、同學欺負，受到嚴重的傷害。他覺得這麼一來只能在讀書方面扳回一城，於是努力考進升學中學，但因為精疲力盡而拒絕上學，直到現在。

兒子與父親的關係從青春期開始變差。孩子的父親是一個認真的人，專心致志在工作上。兒子說「我沒有被老爸罵過的印象」。身為母親的我除了帶孩子去接受諮商之外，自己也接受了諮商，但丈夫卻對諮商完全不感興趣。

去年，兒子終於爆發了，他開始割腕、朝屋外大叫、在家裡的牆壁上挖洞，我們全家簡直度日如年。從這時開始，丈夫逐漸改變態度，他試著主動和兒子說話。兒子雖然仍覺得「老爸給人壓迫感」，但比起以往，兩人的對話還是增加了。兒子現在已經可以獨自一人前往日間照護福利設施了。只要想到去年的痛苦，兒子現在的行為可稱得上壯舉。

我們夫妻打算繼續像這樣從旁守護兒子。兒子的狀況仍然不穩定，他一回到家，就會抱怨在外承受的壓力。我們當他的聽眾，希望可以稍微緩和他的情緒。一旦父親願意當他的說話對象，兒子就會滔滔不絕地把話說出來。這讓我實際感受到，父親的角色非常重要。

A 您們的經驗，是靠著父母的力量度過「孩子繭居」這個家庭危機的出色例子。

令郎明明沒有被父親責罵的經驗，卻覺得父親給人壓迫感，這段話乍看之下前後矛盾，卻是繭居族常見的現象。孩子的父親其實是個認真、溫柔的人吧！但孩子因為與父親的接觸機會少，彼此之間不太交流，不知道父親在想什麼，所以對父親的想法疑神疑鬼，並且把這個不太知道是什麼的感覺當成「威脅」來解讀。

令郎在小學的時候，遭到老師以權威壓迫，受到同學欺負，雖然為了扳回一城而努力念書，卻無法順利度過難關，這或許是因為他沒有克服與社會上的人自由來往的障礙吧！

除去這層障礙的，就是他與父親之間的關係。對令郎來說，父親一直都是遙遠的存在，給人莫名的威脅感，然而這樣的父親主動過來與他接觸，就能讓令郎漸漸克服他人帶來的壓迫感。

父親就像這樣，能夠讓孩子走出孩提時代受到他人傷害帶來的痛苦記憶，克服對人的恐懼。母親對孩子來說是親近的、溫柔的、不太令人害怕的存在，無法擔任這樣的角色；這正是只有給人壓迫感的父親才能做到的任務。孩子可以把與父親相處當成一種練習，藉此學會如何反抗、承受帶給人威脅感的事物。

很多父親在擔心繭居的孩子時，會把不安的心情轉成怒氣，對孩子破口大罵，但您的丈夫卻沒有這麼做，反而試著與孩子對話，這非常好。如果孩子大叫、行使暴力，做父親的當然會想嚴厲地斥責他。但如果這時責罵孩子，反而會讓他更無法克服威脅感這個障礙。

您以母親的身分所做的努力也奏效了。父親之所以能夠面對家庭危機，下定決心正視孩子的問題，母親功不可沒。母親前去接受諮商，經常回頭檢討父母與孩子的相處方式，這對父親來說，也是促使他面對孩子問題的動力。

您的丈夫在這個階段雖然沒有接受諮商，但我想您的努力一定在丈夫的心中留下了些什麼，並且在後來轉化成讓他冷靜面對兒子的能量。

終於能面對家人的K先生

K先生是能幹的菁英上班族。他在公司獲得周圍同事的尊敬，但在家中面對妻兒時行為舉止卻像一個暴君，對家人來說是個遙遠的存在。後來他前往接受諮商，面對家人與自身的體驗，終於可以與兒子及家人好好相處了。在此為各位介紹K先生的自白。

「在此之前，我一直無法做個稱職的父親，我想，兒子也因為得不到父親的認可，反而變得自尊心很強。坦白說，我經過了相當的努力才建立了現在的地位，就社會的眼光來看，我也獲得了與努力相符的成功。

兒子小的時候，看著我的背影，或許拼命追趕著想要超越我吧！他直到中學為止都是個優秀的孩子，一直覺得自己無所不能，但進入升學高中之後，周圍的同學都比自己優秀，讓他感到挫折，但他沒有辦法放下自己的自尊。

「兒子怪罪我們『我會變成這樣都是父母的責任』，主張自己沒有任何錯。他把自己關在家裡，斷絕與周圍的交流。他極度害怕自己受到傷害，怕碰碎自己如玻璃一般脆弱的自尊心。

「託兒子的福，我可以回頭反省自己，才終於發現自己一直以來都受到自己成長的家庭影響。所以我甚至很感謝兒子。」

K先生發現，現在這個家庭中兒子與自己的關係，就像在自己成長的家庭中，自己與父親的關係一樣。

K先生未曾有過「被父親接受」的體驗，他未曾得到自己父親的認可。如果沒有任何人肯定自己，人類就無法活下去。人類需要「有人能夠絕對地肯定自己」、「自己可以活下去沒有關係」、「自己雖然有好的部分與壞的部分，但基本上來說有活下去的價值」等這些基本的安定感。

K先生為了找回小時候沒有從父親身上得到的認可，證明自己有活下去的價值，便努力取得優秀的成績，在社會上獲得出色的成就。但是，他心中根本的部分依然很脆弱，對傷害的忍受性極低，只要稍微一被他人傷害，就用「發怒」這個武器反擊。而他發洩怒氣的對象就是最親近自己的家人，他為了保護自己，無法避免去傷害對方。

「你就算有不完美的部分也無所謂，因為你基本上是個好孩子」，這位父親無論如何都無法像這樣如實接受兒子不完美的部分，因為他自己未曾有過得到父親認可的經驗，所以無法想像該如何接受孩子原本的樣貌。

K先生是個深愛孩子的父親。他對孩子的狀況抱持著很大的危機感：「我要想辦法幫助孩子，再這樣下去孩子會完蛋。」但這樣的擔心卻帶來反效果。他把孩子不完美的部分當成對父母的侮辱，因此以怒罵的方式做出反擊。

如果人心中的自己確實得到他人認可，那麼即使受到一點他人的傷害，也能撐得住。這樣的人能夠給自己肯定的訊號，可以忍受自己並非無所不能，他們覺得自己不用做到百分之百也沒關係，只要做到百分之七十左右就夠好了。

這麼一來，在與各種人交流的時候，即使無法照著自己的想法去做，就算受到周圍的人的一些傷害，也能堅強地與他人妥協。這樣的人能夠在充滿矛盾的人際關係中，想辦法找到自己的立足之地。

K先生的兒子無法克服家庭關係的傷害，在社會當中一直找不到自己的容身之處。而K先生經過相當的努力，才在社會當中保有自己的一席之地，但在家庭關係當中至今依然找不到自己的位置。

K先生出色的地方在於，他能夠像這樣確實的面對自己的傷痛。他深深思考「身為一個父親能夠做什麼」，最後發現「為了好好地與兒子建立關係，必須面對身為父親、身為丈夫、以及曾經身為兒子的自己。」

「問題出在孩子或妻子等他人身上，請想辦法解決他們的問題」採取這樣的觀點很輕鬆。對男性來說，真正困難的部分在於站在「問題出在自己身上。必須深入理解自己的內心」的觀點看事情。而K先生確實地接受了這個觀點。

傳達父親的價值觀

Q 兒子變成繭居族之後，我才發現他在不知不覺中被迫接受了父親的價值觀。或許身為父母的我們，接下來必須改變價值觀才行。我該怎麼做才能認同兒子的價值觀，不要把父母的價值觀強加在他身上呢？

A 繭居的人無法創造自己的價值觀，他們會失去方向，不知道自己該怎麼做才好。這種時候，父母如何將自己的價值觀傳達給孩子，是非常重要的。如果溝通順利，孩子就能找回自己的價值觀，如果溝通不良，或是停止溝通，孩子就會一直處在價值觀迷失的狀態。

孩子需要擁有價值觀，才能找出在社會當中自食其力的方式，知道自己該如何培養什麼樣的能力與資質。這樣的價值觀，無法光靠自己的力量產生，必須參考家人或身邊人們的價值觀，透過反覆的嘗試與摸索，將自己的價值觀建立起來。

年輕人為了試圖去回應家人或社會的期待，會反覆經歷到達成期待的成功體驗（喜悅），與無法達成期待的失敗體驗（痛苦），藉此創造出適合自己的價值。換句話說，孩子如果想要獲得恰如其分的價值觀，除了需要肯定的體驗之外，也需要否定的體驗。

父母的期待能夠給予孩子這些體驗。父母必須隨時重新檢討自己應該傳達給孩子的價值觀，看清孩子的能力與個性，藉此調整自己的期待。期待不能太高，也不能太低。期待太低或是沒有期待，孩子會放棄努力。只有給予孩子在他能力可及範圍之內的期待，孩子才有努力的可能。

父母不能把自己的價值觀強加在孩子身上，但是也不能害怕把自己的價值觀告訴孩子。有些父母因為孩子無法達成自己給他的期待而受到創傷，從此之後就不敢再對孩子抱著期待，也不敢將價值觀告訴孩子。這樣的父母對孩子沒有任何期待，只是一味等待孩子自動自發去努力，這樣是不行的。父母必須不斷對孩子抱著期待，而且期待不能太高也不能太低。父母對孩子來說是最重要的存在，孩子正因為有父母從旁守護才能夠努力。

與此同時，父母也不能執著於自己的價值觀。父母為了配合孩子的狀況，對自己傳達給孩子的價值觀宜進行有彈性的調整，父母也必須知道其他的價值觀，並且摸索出最適合告訴孩子的內容。父母也會不知不覺中，參考他們父母告訴自己的價值觀，並且將其內化。夫妻可以透過討論，得到更有彈性的價值觀。如果想要傳達給孩子適切的價值觀，就必需要對話，不能自命不凡。父母可以透過與孩子的對話、夫妻之間的對話、與周圍旁人的對話，建立起經過仔細推敲的價值觀。

父親比母親更難配合孩子的狀況，對自己的價值觀進行微調。許多家庭的價值都由父親建立，母親則負責支持父親。最近雖然有越來越多的家庭父母角色對調、或是父親無法建立價值，但多數的男性依然從小被教導「你必須振作（必須振作起來建立價值）」、「不能動搖！」。換句話說，女性從小被教導要彈性配合周遭環境，男性則被教導要堅定的建立價值觀。孩子變成繭居族，是重新檢視價值觀的好機會。這種時候，母親比較能夠有彈性面對這樣的狀況，多數的父親反而很笨拙。他們雖然懂得這樣的道理，卻無法擺脫長年養成的「不能動搖！」的習慣。

正因為如此，父親的力量很大。如果能夠靠著父親的力量，改變家庭在不知不覺中設定的價值觀，孩子的心情就能變得輕鬆許多。

在日本的家庭當中，「讀好的學校」、「找好的工作」是非常重要的價值。但由於這樣的價值太過理所當然了，在家庭當中反而不會刻意談到。家人之間無法去討論這樣的價值觀真的重要嗎、適合孩子嗎，只是一味受到這個單一價值觀的糾纏。

在家庭諮商中，我如果沒有主動提起學歷或職業話題，家人之間就很難聊到。明明說出來會比較輕鬆，但因為家人都不談，這個對價值觀的默契反而帶給孩子痛苦。孩子深信如果沒有在這兩方面獲得成功，就無法得到父母的認可，但他卻無法將這件事用言語表達出來。尤其在高學歷、高成就的家庭更是如此。將標準設定較高是家中的默契，這會讓孩子在無形中感到負擔。

這種時候，父母反而更應該將家庭的價值觀化為言語傳達給孩子。

「爸爸自己是在這樣的家庭中成長，成就了這樣的價值。」

「就算不說你應該也知道，爸爸在你小的時候，灌輸給你的就是這樣的價值觀。」

「爸爸現在很認真思考你的事情。你現在雖然關在家裡，但未來你還有這樣的路可以走。你並沒有失敗，因為爸爸也認為走這條路很了不起！」

請這樣告訴孩子。這麼一來，孩子也能找到一條父母認可的道路。

調整父親與母親的教育方針

Q 爸媽只要一討論到繭居的弟弟，立刻就會因為意見落差太大而吵起來。家父四十多年來一直認真工作養育我們，弟弟不工作這件事情讓他很生氣，似乎也感到沮喪失落。我想，家父應該希望弟弟主動找他商量自己想做的事情、未來的事情還有現在的煩惱等等吧！

就我的角度來看，家母太寵弟弟了。如果家父對她說：「妳是怎麼想的？妳有嚴厲地說他嗎？」家母就會反駁：「他自己應該也想了很多，我們再稍微靜觀其變一陣子不是很好嗎？」之後似乎就不再說話了。他們總是重複這樣的對話，什麼也沒有改變。

他們夫妻只要一開始討論，便陷入爭執，「這是身為母親的妳教育失敗」、「錯的是身為父親的你，總是把教育孩子的責任全部推給我，自己毫不關心」。我該怎麼辦才好呢？真的還是應該去諮商機構求助嗎？

A 父親與母親的意見不一致也無所謂。重要的是，雙親必須理解這點，彼此認同。請令尊令堂在這個前提之下重新進行討論：

令尊令堂都愛孩子，都希望孩子健全成長，才會認真爭論吧？但是雙方的論點，也就是雙方對於該以何種形式傳達愛、父母該如何與孩子相處等的想法，有一八〇度的不同。

令尊認為：「即使給孩子一點壓力，也希望孩子能夠克服困難，即使為此受到傷害也是沒辦法的事，能夠克服這點才是成長。」但另一方面，令堂則尊重孩子原本的樣貌，「希望等待孩子自己採取行動」。

這兩種想法都沒有錯，都是必要的。但是，過度執著於其中一種心態會產生問題，父親會變得太嚴厲、母親則變得太寬容。為什麼出現這樣的情形呢？是因為他們心底深處隱藏著不安。

「再這樣下去，我的孩子可能會完蛋」，一旦產生這樣的不安，父母就會懷著必須靠自己的力量來為孩子做點什麼的危機感。父親希望督促孩子度過難關，如果這個想法太過強烈，就會變得嚴厲，企圖將難題強加到孩子身上，而母親則為了避開傷害孩子的可能性而變得寬容。

如果父母合作，在給予孩子無條件的愛（母性）的同時，也給予籠罩在不知所措、不安等情緒下的孩子強而有力的指引（良好的父性），孩子就能成長。

像令尊令堂像這樣擁有兩種不同的價值觀，是很重要的，這麼一來才能互相參照，留下彼此都應該認同的部分，排除彼此無法認同的部分，創造出新的、為令弟量身訂做的價值觀。

就表面來看，嚴厲與寬容是兩種完全相反的態度，因此彼此會判斷對方的方法是錯的。但即便父親與母親的意見有一八〇度的不同，也絕對不代表其中一方完全不對。兩者都是一半正確，剩下的一半稍微有點超過。您可以請雙親好好整合彼此的意見，同心協力，找出與兒子相處的方式。

但是，如果他們坦白地說出彼此的想法，會因為意見不合而吵架。不過，為了調整雙親的相處方式，意見不合是理所當然的事情。

首先請夫妻相互面對，好好談一談。好好的面對孩子很重要，同時，夫妻也必須相互的好好面對。請令尊令堂給令弟一個他們妥協後的範本吧！

夫妻是獨立的個體，理所當然會有不同的意見與想法。請令尊令堂在孩子面前光明正大的吵架吧！很多人覺得不能讓孩子看到夫妻吵架的樣子，這個想法毫無根據。父母讓孩子看到自己在對方面前認真主張自己想法的樣子，是一件很重要的事情。暴力是絕對不行的，但口氣多少有點不好無所謂。

而最重要的一點是，要讓孩子看到夫妻在彼此碰撞之後，互相妥協、讓步，找出折衷點的過程。這麼做，能夠讓孩子近距離體驗到說出自己想說的話即使多少傷害對方，也能再度和好是怎麼一回事。不能讓孩子看到雙親吵架之後關係就一直沒有修復，只能互相忍耐、迴避、不理睬對方的樣子。

然而實際上，夫妻吵架會消耗熱情。否定對方的做法往往會陷入自我厭惡的情緒，所以大家都想盡量避免這種情況。如此一來，雙親就有一方必須收手。這對於較常與孩子相處的母親是有利的，所以父親最後會收手，放棄與孩子相處。站在母親的角度看，雖然暫時鬆了一口氣，但原本即使意見不同依然參與在內的父親全面撤退，對她來說也是一個打擊。

母親會因為危機感增強而產生自己必須孤軍奮戰的情緒，但母親愈是努力，愈會與孩子變得過度親密。一旁的父親雖然不滿意母親與孩子相處的方式，但只要一把這件事情告訴妻子，就會再度燃起爭端，最後乾脆什麼也不說。

如果遇到這種情況，雙親可以在諮商師的幫助下進行「建設性爭吵」。諮商師會在夫妻之間建立一個安全的擂台，並且擔任裁判，確保夫妻在擂台上能夠安全的使出全力。勝負在這個擂台上並不重要，重要的是雙方在全心全意的戰鬥中，誕生出新的相處方式。

您可以參考接下來介紹的案例。

磨合雙親的想法

Q 爸媽很少討論繭居的弟弟。他們雖然都為弟弟擔心，但家父認為弟弟之所以會繭居都是家母的錯，所以只一味咒罵母親，導致兩人無法談下去。身為姊姊的我雖然介入他們之間當和事佬，但實在左右不是人。現在家父工作變得忙碌，很少有時間討論這個話題。我實在很擔心父母會崩潰。

A 首先請讓我分別見您的雙親，好好傾聽他們的想法。母親由於擔心孩子，平常較常與孩子接觸，因此更會覺得責任出在自己身上，懷疑自己接觸孩子的方式是不是錯的。如果再加上被丈夫咒罵，會更加失魂落魄，母親想必很痛苦吧？我會好好傾聽母親訴說這樣的心情。

咒罵是言語暴力。遭受暴力是嚴重的打擊，說母親的心是千瘡百孔也不為過。首先我會治療母親受傷的心。

同時，我也會好好傾聽父親的心情。令尊原本應該是相當為家人著想的溫柔父親，才會為孩子的事情操心，他抱著再這樣下去不行的危機感，但由於工作繁忙而難得有機會與家人相處，心中的不安與焦慮才會轉化成對妻子的怒氣，最後爆發出來。

憤怒這個情感背後，一定隱藏著不安與恐懼等負面情感。男性不習慣在人前直接表現出不安感，所以會加以掩飾。首先，請令尊獨自前來，讓我好好傾聽隱藏在他憤怒背後的不安與焦慮。只要能夠好好整理這些他自己也沒有察覺到的情緒，憤怒自然就會收斂。這麼一來，便能分別修復雙親破碎的心。

接著，我會同時與您的父母見面，和他們討論孩子將來的發展。他們擔心的根源，就在於看不見繭居孩子的未來。我會傾聽他們詳述孩子的狀況，針對孩子未來可以往哪條路前進，找出具體的選項。

然而現實很嚴峻，事情不是這麼簡單就可以解決。他們不得不向下修正對孩子的目標與期待，這個過程會伴隨著痛苦，我會好好與令尊令堂討論，幫助他們想像出符合現實的未來藍圖。

只要能夠看見未來的發展，就能抹去不安。接著就要針對父母可以朝著這個可能性做什麼樣的努力，擬定具體的計劃。首先我會確認現在母親能夠做的事情、父親能夠做的事情，接著再針對他們可以如何分配任務、如何互相幫助，進行充分的討論，讓他們在平常的親子相處中實行這個計畫。

實際去做做看之後就會發現，這並不容易。他們有時候也會覺得挫折，懷疑這樣做是不是依然行不通，但這時不能著急，孩子繭居的時間愈長，恢復的時間也愈長。最重要的是不能放棄。

父母要做所有可能的嘗試，檢討哪些部分順利，哪些部分不順利，不斷進行調整、重新擬定計畫，並且反覆這樣的過程。

雙親之間只要有相同的目標，就不再需要彼此推卸責任了。

為孩子暴力所苦的父親

Q 兒子就年齡來看已是大人了，但他因為自己什麼都不會而感到沮喪，有的時候甚至會採取暴力行為。譬如吃飯的時候，他覺得我吃飯的聲音讓他焦躁，就突然大發雷霆摔破餐具，如果我出言訓斥，會更加激怒他，接著開始丟東西或打破玻璃。我覺得不安，所以找女兒商量，結果女兒對我說：「爸爸，你太寵哥哥才會變成這樣。最好給他一筆錢，把他趕出家門自己生活。在這之前，要不要先試著找專家諮商一下呢？」

我想讓兒子接受諮商，但是不知道該怎麼勸他去。而且如果讓他自己一個人生活，我也害怕不習慣社會生活的他帶給別人麻煩。我該怎麼辦才好呢？

A 我想您需要換個角度來看這件事。在勸兒子接受諮商之前，先讓我們重新檢討家人之間的相處方式吧！

令郎將自己什麼都不會的焦慮發洩在父母身上，這是他自己心理的問題，所以有可能透過諮商恢復自信。但是，必須要他本人希望接受諮商才有用。就令郎現在的狀況來看，無論周圍的人如何勸說，他都不會想要主動接受諮商吧？

在此之前，先重新思考一下你們的親子關係。他把自身的焦慮與父親吃飯的聲音做連結，將父親當成發洩對象，這是親子關係的問題。如果父母改變與他的相處方式，也能改變他對家人施暴的狀況。

站在旁觀角度的兄弟姊妹，對親子關係的觀察會格外敏銳。令嬡指出：「爸爸，你太寵哥哥才會變成這樣……」身為父親的您有什麼感想呢？您或許有不同的見解，但在兒子接受諮商之前，可以試著回頭重新檢視你們的父子關係。

令嬡提議「讓他自己一個人生活就好」，但身為父親的您則害怕帶給他人麻煩。就令嬡的意見來看，令郎自己一個人總會有辦法生活；但就您的意見來看，則認為令郎自己一個人生活會造成他人困擾。誰的判斷較為妥當呢？我們可以將女兒與父親之間針對這件事情的不同見解當成切入點，重新檢視家庭關係。

在把沒有求助意願的兒子帶來諮商之前，讓我們先討論出父母與兒子之間有效的相處方式吧！這就是家庭諮商。父親獨自前來、雙親一起前來，或是與對哥哥的事情提出客觀見解的女兒三人一起前來，都可以。

父親如何建立與孩子的信賴關係

Q 弟弟沒有去上大學，感覺也沒有在念書，晚上打電動打到很晚，也沒有去打工。父母只要一指出他這些缺點，他就對家人破口大罵，甚至還會施暴。我們平常和弟弟說話的時候都小心翼翼的，盡量不要踩到他的痛腳，避免惹他不愉快。家人也對此感到十分疲憊，會盡量避開他。

弟弟和身為姊姊的我相比，從小就不是特別會念書的孩子，也不是擅長運動的孩子。就算他稍微做了一點努力，父母也會對他說：「這沒什麼大不了的，不要自滿。」我覺得家人如果多給弟弟一點肯定就好了。現在雖然太遲了……此外，家父很疼愛身為姊姊的我，對弟弟則很嚴厲，我想弟弟與父親之間幾乎沒有信賴關係。

我該如何幫助弟弟獨立，並且與家人建立良好的關係呢？

A 令弟與令尊之間的信賴關係是修復的關鍵。

令尊應該以他自己的方式愛著兩個孩子吧！嚴厲也是一種典型的父愛，只不過很可惜的是，令弟沒有順利接收到這份愛。

現在開始也絕對不遲，父子之間的關係不管到幾歲都能挽回。只不過這並不容易，年齡愈大，關係愈難修復。而家人也必須認真處理與令弟之間的關係才行。

令弟似乎一直從家人身上接收到負面訊息。令尊令堂指責令弟不去上大學、不念書、不打工、晚上不好好睡覺等等，他從父母身上接收到的訊息都是負面的，並且也以暴力、怒罵等負面的訊息來回應。他在孩提時代也一直接收到負面訊息吧！即使努力，也得不到「你很努力呢！」的正面肯定，而是遭受到「這沒什麼大不了的，不要自滿」的否定。

您與家人接下來可以做的事情是，找出令弟好的一面，傳達給他正面的訊息。來自父母的肯定會成為很大力量，幫助他正面積極地面對社會，尤其來自父親的認可更是重要。即使是日常生活中的小事情也無所謂，請找出令弟的優點。

這個世界上沒有人百分之百都是壞的一面，令弟也一定存在著某些優點。如果在上大學、讀書等根本的部分很難找到，那麼從他的興趣、專長、每天生活習慣等微小的地方去尋找也無所謂。請對他稍微努力的樣子保持敏感，並且告訴他「你做得很好」吧！

肯定的力量讓孩子甦醒

Q 兒子變成了繭居族，我與丈夫用盡各種方式都難以改善，終於束手無策。家人在家的時候，兒子就待在自己房間的床上，完全不出房門。他就算不洗澡也無所謂，但發出的惡臭卻讓家人煩惱不已。

然而，丈夫的工作遇到問題，如果不藉助兒子的力量就無法撐過去，所以我們把心一橫，向關在房間裡的兒子發出求救訊號。一開始仍舊沒有反應，但我們訴諸溫情，告訴兒子，爸媽一直相信他會重新站起來、媽媽是懷著什麼樣的心情把他生下來等等，現在只要回想起來還是會想哭。

但即使如此兒子依然沒有反應，丈夫也忍不住提高了音量，就在我們覺得「大概沒救了」的時候，我對丈夫說：「這個孩子絕對會幫助我們。就算別人都不相信，我也會相信他。」結果兒子突然從床上起來對我們說：「我明天會開始幫忙。」

他從此就每天幫忙家裡的工作，也和家人一起吃飯，甚至還能進行日常對話。

A 這正是拯救孩子的家庭力量。您們全家可說是因禍得福吧！

母親真心的訴諸溫情、連父親都提高音量了還是沒有作用，但就在父母覺得或許沒救的時候，母親突然採取的行動成為打開兒子心扉的力量。這個瞬間，孩子接收到了父母傳達給他的信賴。

令郎一旦信任家人，產生了肯定的力量，就能完全接收到父母的話。在此之前，繭居的令郎一直擔任家庭中的問題角色，但是後來家庭當中發生了更嚴重的問題，令郎便從懷抱著問題的角色，轉換成解決家庭問題的角色。

令郎在扮演繭居族這個反派角色的時候不採取任何行動，然而一旦賦予他拯救家庭的英雄角色，他就會主動接下這個被賦予的任務。

母親的一句話將他的動力引導出來。「我相信這個孩子絕對會幫助我們」這個肯定的期待，喚醒了令郎長年沉睡的力量。您們是非常棒的家人。

從前令郎關在自己的房間裡，就連洗澡的衛生觀念也喪失了，甚至讓人懷疑他是不是罹患了失去正常思考能力的精神疾病。但是，在此之前用盡各種手段都絲毫不被打動的令郎，卻因為母親的一句話而徹底恢復意志。

熱情或意志，並不是每個人與生俱來的固定屬性，而是隨著一個人被賦予的、生活的脈絡而改變。如果一個人不斷遭遇失敗經驗、或是被人否定的經驗，意志就完全無法發揮，最後陷入憂鬱、繭居的狀態。

然而，如果能夠以成功經驗或肯定的期待去改變這個脈絡，就能像令郎一樣一口氣脫離繭居狀態，恢復意志。

能夠幫助他做到這點的力量，正是家人對他的肯定。

請父親給予孩子希望

Q 兒子從普通高中落榜，進入工業高中就讀。他之所以會進入工業高中是為了想學建築，因此當初覺得很慶幸。但是他從五月左右開始，就一直吵著「想要轉到普通高中」，六月開始不去上學。我們大約有一個禮拜左右的時間，聽到他房間傳來敲牆壁、踢飛椅子的聲音，也看見他煩惱、憔悴的樣子。身為父親的我告訴他：「你不用勉強自己去上學，之後該怎麼辦還可以再想。」

兒子早上起不來，晚餐雖然和家人一起吃，但其他的時間都在自己房間度過。他晚上似乎也睡不著，生活變得日夜顛倒，而且幾乎不出門。他雖然會和我們閒聊，但一提到將來的事情、學校的事情，就沉默起來。他現在不再提自己想轉學的事情了，也不說自己想去學校。我也變得不太和他談這些事。

現在，身為父親的我陷入看孩子臉色說話的狀態，我該如何面對孩子才好呢？

A 我覺得身為父親的您傳達給孩子「不用勉強自己去學校」的訊息非常好，令郎因為這句話，而從敲牆壁、踢椅子的焦慮、憔悴的心情中解放出來。

那麼，現在的狀況是雖然可以普通地閒聊，卻無法討論未來與學校吧！令郎現在失去了對未來的希望，如何幫他建立未來的希望是父親的責任，因為再這樣下去，他很難靠著自己的力量找到將來的路。

討論將來很重要。因為將來是焦慮、問題的焦點，但反過來說也是問題解決的切入點。然而，如果提起這件事的技巧拙劣，反而會造成衝突，所以您乾脆什麼都不說了。要改善這個狀況，請您減少會失去希望的對話，增加能夠獲得希望的對話。

失去希望的對話會讓孩子沮喪，帶給他傷害。所謂失去希望的對話就是「否定」的對話。譬如：「讀工業高中不行，一定要讀普通高中」、「這不是我想進的學校」、「你至少非得高中畢業不可」、「我已經失去未來能走的路」、「這也沒辦法」、「我變成繭居族了」、「我沒有活下去的希望」等等，這些都是否定句的訊息。

請與孩子一起創造出能夠獲得希望的對話。譬如您可以對孩子說：「工業高中很好。有些人覺得不能讀高職，要讀普通高中比較好，但爸爸不這麼認為。建築科教的東西很有趣，而且也對未來的社會也很有幫助。不過如果你想轉學也沒關係。現在和以前不同，要轉學也有很多學校可以選擇。就算重考或降級一年，未來也有充分的時間可以追回來，不用擔心。」這些都是肯定的訊息，正面訊息能夠將人從不安當中解放，醞釀出安心感。

如果父母完全不推動孩子，避免談論將來的話題，孩子就無法找回將來的希望，繭居的時間也會拖得很長。孩子需要好的刺激。

否定的對話會讓孩子焦慮，但肯定的對話卻能讓他安心。請父母給予孩子安心的力量吧！

相信家庭的力量

Q 兒子進入大學之後似乎在人際關係上遭遇挫折，變得不太願意外出。他自己也努力想要擺脫這樣的狀態，但一直很難改善。身為家人的我們，只能在一旁看著他。如果不藉助專家的力量，終究還是無法脫離這樣的狀態嗎？家人無法為他做任何事嗎？

A 我想您讀到這裡，已經可以了解到家人其實可以給令郎許多幫助。

我遇到許多對繭居的孩子袖手旁觀，只是在一旁看著他的家庭。家人無法為孩子做任何事情，就這樣僵在一旁。孩子也無法踏出社會，將自己凍在家裡。整個家庭無論是父母還是孩子，都呈現停滯不前的狀態。

家人請不要只是在一旁守著孩子，而是要懷著正面積極的想法，充分活用理應存在於某處的家庭潛力。家庭是幸福的泉源，同時也是不幸的泉源。家庭要多幸福就能變得多幸福。一個人如果擁有自己所愛的家人，就能為他的人生帶來最大的喜悅與意義。

但只要踏錯一步，家庭要多不幸也會變得多不幸。家人會讓人煩惱、痛苦、甚至奪走活下去的希望。家庭無論是在好的意義上還是在壞的意義上，都對個人生活具有極大的影響力。

繭居的孩子對家庭來說是很大的問題，但與此同時，也是能夠確認家庭具有多少潛力的試金石。家人如果能夠彼此分擔痛苦，克服意見的差異進行討論，傳達彼此的心意，家人之間就能獲得比以前更深的牽絆。相反地，如果孩子的問題成為全家的重擔，帶給家人壓力，使家人之間的意見無法整合，那麼甚至有可能造成家庭瓦解。很多看似普通的家庭，即使從外人的角度看不見什麼問題，但家人的心也其實早已分崩離析。

繭居的問題如果變得長期化，那麼保持自然、靜觀其變是無法解決問題的，但是父母也不能強行為孩子做什麼，要盡可能自然地期待他覺醒。

我在這裡必須強調的是「自然」的質。所謂的「自然」，是看不見的、自己沒有察覺的事物。家人用心地、出於好意努力營造出的「自然」，其實是將孩子圈在家中世界的「不自然」。但光靠著家人無法發現這件事。對自己家人來說理所當然的自然，必須在與家人以外的人的對話中化為言語，才能客觀理解其真實樣貌。

請不用客氣，盡量活用專家等外部資源，不需要猶豫。但也不是把一切都交給專家就能治好孩子的繭居問題。主體還是繭居的孩子本人與其家人，專家與社會資源只是幫助您們克服困難的力量。

繭居的人很難自己有主見，這是繭居族的特徵。如果本人無法做主，沒有心要改變，那麼罵他也沒有意義。因為他們心底深處懷著對將來的嚴重不安，並且為此所苦。

這種時候，就是家庭發揮力量幫助他們的機會。每位家庭成員都有不同的想法與處理方式，如果能夠透過第三者的介入幫助家人互相磨合，就能發揮家庭出色的力量。我到目前為止，已經遇過許多靠著家庭的力量脫離繭居的人。

只要家庭能夠恢復精神，繭居的人也能恢復精神。請您繼續往前邁進，不要捨棄希望。

後記

我想在這裡介紹自己的家庭經驗。之所以會想這麼做，有幾個理由：

第一，我想讓個案知道我的事情。

個案與諮商師之間是否能夠締結深厚的信賴關係，是左右家族療法效果最重要的因素。家族療法的目標是重新建立家人良好的關係。為了重新建構分割成家庭內外的人際關係，首先必須在個案與諮商師之間建立信賴關係，再從這裡將關係的範圍向外擴大。想要與他人締結深厚的信賴關係，必須經過兩個階段：(1)深入剖析自己真正的樣貌，並傳達給對方，(2)對方接受這樣的樣貌不加以批判。前半段的過程特別重要。如果只讓對方看見自己的表層，就算對方接受，也無法獲得深刻的信賴關係。

諮商師必須要有深刻的同理能力，才能讓個案感到這位諮商師十分了解自己的狀況。但光是學習理論並無法產生這種同理心，諮商師首先必須面對本身的情緒，同理自己，才能深刻地同理對方。因此在諮商訓練中，會不斷重複的進行剖析自己情感經驗的實習。

此外，讓個案了解諮商師不加矯飾的樣貌也很重要。這麼做能夠讓個案理解到：「原來如此，這位老師走過這樣的人生，並且從這當中產生了這樣的想法。」所以諮商師必須告訴個案自己的事情，但不是在諮商的場合。這並不是因為公開自己的事很不好意思，因為我也經常在演講或團體治療的情況下提到自己的故事。然而，如果諮商師在一般的諮商中先自我表白，個案與諮商師的立場就會逆轉。我在一般諮商中，也不會拿自己的體驗當比喻。我不會對個案說：「我也有過和你一樣的經驗，我是這樣克服的，所以你也可以挺過來。」基於上述理由，我無法在實際的諮商場合中展現自己私底下的樣子，才藉著這本書告訴大家。

第二，回顧自己的家庭經驗能夠提升家族治療師的技巧。人類的行為沒有正確或不正確。一九八〇年代以前的初期家族療法教科書中，提出了家庭應有的樣貌，但此後的書就不再對此著墨了。因為家族療法的觀念進化，家族的多元性開始獲得認可，家族本身創造自己價值的過程也受到重視。

諮商師有自己的價值觀與家庭觀，會隔著這層鏡片去理解個案。諮商師不可能完全中立，而是會透過自己的價值觀做出喜歡這個部分、不喜歡那個部分的價值判斷。對諮商師來說，重要的不是取下自己的鏡片，而是要了解自己的個性（價值判斷的習慣），因此諮商師必須回顧自己的家庭經驗，充分理解這樣的經驗會對臨床活動帶來什麼樣的影響，譬如自己在接觸到眾多關於個案的資訊時，會關注哪個部分、會如何下判斷、如何介入等等。

前言有點長，接著就來介紹我的家庭經驗。

父親總是位在我的家庭經驗的中心。在我的家庭中，父親一直都是具體存在的角色。我的父親是教育心理學家，專長不是臨床心理學，應該沒有從事過諮商等臨床活動，但是他曾任職於國立的教育研究所，後來又到大學執教鞭。父親一直給予孩子充分的肯定，我想這不僅因為他是心理學專家，或許也與他成長的環境有很大關係。父親是七個孩子當中的次子，但他的父親，也就是我的祖父，在家庭當中看起來也是具體存在的角色。

我記得自己小時候，就寢時必須摸著爸爸的胸脯。妹妹在我兩歲時出生，母親將陪我就寢的任務交棒給父親，我只要摸著爸爸的胸脯就能感到安心，如果沒有這樣做就會睡不著。這件事讓我感到很難為情，如果直到上小學都還戒不掉摸爸爸胸脯的習慣該怎麼辦呢？兒時的我曾為這件事情感到擔心與絕望。這在我的意識中是難為情的經驗，但也象徵了我對父親的依附感。

我在小學四年級左右迷上了當時流行的收音機製作，與父親一起到神田的電氣街購買單石收音機的材料包。第一次使用烙鐵的我，一邊燙到自己一邊組裝了一台小型的電晶體收音機，當時也得到了父親的稱讚。後來我就經常獨自一人前往秋葉原的電器街。

我在中學時開始使用剛學會不久的笨拙英文，與海外同年齡的孩子通信，當時稱為筆友。國際信件教學手冊的最後，介紹了有關高中生到美國留學的資訊，自此之後我就對美國留學懷抱著憧憬。但是，高中的級任老師並不贊成，他認為待在美國長達一年對考大學不利，而母親也沒有想過要讓孩子離開身邊出國一整年。在這些反對的意見當中，唯獨中學時代的級任老師與父親卻贊成我的想法，在他們的推動下，我實現了前往美國留學的夢想。附帶一提，過了將近四十年，我依然與贊成及反對我去美國的兩位高中老師保持密切的聯絡。

當時是一九七〇年代，美國在物質方面比日本富足，美國夢也還存在，十七歲的我，單純地理想化了美國的人與文化。我在寄宿家庭中住了一年，那個家庭的父親是在韓戰時期加入空軍的退伍軍人，當時在美國南部鄉下小鎮的裁縫工廠擔任副總經理，他每天一定都在傍晚的五點十五分回到家，接著與寄宿家庭的母親一起做簡單的晚餐。在白天較長的夏天，他們夫妻會坐在寬廣的陽台上抽菸斗、喝咖啡，愉快聊天直到天色暗下來，有時附近的鄰居也會加入他們。

我將美國的「父親」理想化了。他每天準時下班，生活徹底以家人為中心，夫妻平等相處，這位父親對妻子溫柔體貼，也理所當然地做家事。現在回想起來，我應該是因為有了原生家庭的依附經驗，才能夠與美國寄宿家庭的父母親建立依附關係。

我在美國得到了與在日本截然不同的家庭經驗，這個經驗也成了原生家庭的對照。我回國之後，覺得日本的家庭無論是人、家中的空間、還是行為都很小家子氣。為什麼日本的父親不溫柔地對妻子說話呢？為什麼日本的父親不做家事呢？我開始用美國化的眼光批判父親。

後來到了大學時代，我為了超越父親而變得叛逆、矛盾，但最後在一個機會下與父親和解。過了四十歲之後，我在臨床訓練中學會將這樣的經驗化為言語。當時我與父親合著了一本書，將我們的家庭經驗整理成冊。

從以上的描述可以知道，在我度過青少年時期的日美兩個家庭當中，父親都是確實存在的角色。受到這樣的經驗影響，日後以精神科醫師的身分遇到父親缺席的家庭時，就會覺得很不自然，但這也是日本家庭的平均的樣貌，不是什麼特別的事情。所以我也開始思考，既然這樣的話，是不是可以把這件事當成墊腳石，喚起家庭系統的改變呢？

我前往英國留學的一九八〇年代末期，剛好是家族療法開始融合性別理論的時代。當時主要站在女性的觀點來討論，稱為「女性主義治療」。回國後我自己也成了父親，開始思考如何將男性角度的性別論與父親論，應用到家族療法的臨床上，並且持續進行臨床研究。

如果說我與父親的相處經驗是我獲得身為男性的自我認同的重要體驗，我與母親的相處經驗，就是安全卻受到束縛的體驗。我覺得自己至今都還無法將母親的事情完全化為言語。

我的母親是專職的家庭主婦，與我們這些孩子十分親近。母親在我童年的時候開朗而善於交際，她甚至在我與妹妹上的小學擔任家長會副會長，過得精采而活躍。

但另一方面，她的身體並不好，患有氣喘，每次鋪棉被、收棉被都會發作，因此都由父親代勞。但這個毛病在她過了四十歲之後就完全治好了，我猜想氣喘的原因或許不是出在身體，而是她有什麼心結。這點直到今天都依然是個謎。

我印象最深刻的是考大學時的便當。身體狀況不好的母親，無法在我考試當天做便當給我。對我來說，便當的好壞並不會影響考試成績，怎麼樣都無所謂，但我卻清楚記得母親說「抱歉」時一臉相當抱歉的表情。我常在最近的家庭教育雜誌上，看到「讓孩子變聰明的菜色」之類的文章。在我自己當了父親之後，終於可以充分理解到父母給孩子的便當，象徵了他們對孩子的愛。

母親開朗活潑但身體不好，父親總是很支持她。如果身為教育家的父親沒有給予方向，母親可能會變成太過熱衷於孩子教育的虎媽吧！

母親如今已經超過八十歲了，雖然聽力與體力都變差，照顧孫子卻不落人後。年輕時如此積極開朗的母親，精神力卻隨著年齡增長而降低，現在她內心總是充滿不安，只要孩子或孫子回家的時間晚了，或是離開自己的視線範圍，就會擔心，事事往不好的方面想。母親自己也知道這樣，但是她似乎無法控制自己的情緒。每個人在心靈失去元氣的時候都會變得負面思考，難以對孩子放手，我從自己的母親身上，或是從臨床遇到的家庭身上，都清楚看見這點。

我的父母就像這樣，無論是從前還是現在，都用滿滿的愛將我包圍。父親肯定的愛給我勇氣，引導我走向外面的世界；母親怯弱的愛充滿不安，要我避開外面的風險，將我綁在家中的世界。我絕對不是在否定母親，正因為有一座隨時都可以回去的安全避風港，我才能在外面的世界自由冒險。但我也清楚知道，如果將孩子綁在家中的力量太強，與之相抗衡的往外引導的力量太弱，就會成為讓孩子繭居在家的機制。

我在美國寄宿家庭的母親也是一個精神力較弱的人。她是一位很好的母親，相當溫柔，但處在憂鬱狀態，經常疲倦地躺在床上，也會固定到附近的精神科醫院就診。當時她將自己的精神科醫師介紹給考慮當醫生的我，她很信賴這位醫師，對他十分肯定，說他是亞裔美國人，很為家人著想，經常在周末與家人打網球。我雖然只見過這位醫師一次，但這次見面卻在我心中留下後來選擇踏上精神科醫師之路的重要因素。很可惜的是，日本人對於精神醫療的印象卻不是這麼正面。

我自己在三十五歲左右成為父親，這對我來說，是比任何工作上的成功都還要幸福的體驗。我可以將祖父傳給父親、父親又傳給我的愛，再傳給我的孩子。

丈夫進產房陪產，對男性來說是轉型為「父親」的絕佳機會。女性讓胎兒寄宿體內長達十個月的時間，讓身體從內部慢慢地轉變成為「母親」，但男性卻沒有這樣的體驗。我希望男性至少在妻子陣痛的時候摩擦她的背部，站在產台旁握住妻子的手，配合妻子「吸、吸、吐」的呼吸，分享成為父母的瞬間。

孩子平安產下之後，身為父親的我只有在妻子排出胎盤的幾分鐘左右可以面對新生兒。因為當時的醫院規定，直到一周後母子出院為止，父親都不能接觸嬰兒。我面對著自己剛出生的孩子，在心裡默念好幾遍：「寶寶（因為還沒取名字，只能這樣叫他）！我的孩子，我是你的爸爸喔！請多多指教。我發誓日後會好好地守護你，好好地養育你！」我想藉此將「父親」這個新的角色烙印在自己身上。

多虧如此，這個烙印直到二十年後的今天依然鮮明，後來生的孩子也在同樣的醫院出生，我也同樣進產房陪產，但不可思議地，我卻留不住第二次、第三次的記憶。初為人父的那一天，就是我的紀念日。

妻子與我都有全職的工作，因此產假結束之後，就把孩子交給托嬰中心照顧。孩子們就是我與妻子的人生意義。我們兩人都拚老命養育孩子。然而身為父親的我雖然想要陪孩子，最後卻都因為工作或周末打高爾夫球而缺席，無可避免的，把過重的負擔推到妻子身上。那時夫妻經常吵架，妻子責備我：「我不知道你在外面提倡了什麼偉大的教育理論，但我知道你放著自己的家人不管！」

剛結婚的時候我可以吵贏比自己小六歲的妻子。但是孩子出生之後，愈吵愈發現無論如何都是妻子的負擔比較大，我開始覺得對妻子不好意思。

妻子在五年前去世了。妻子在小的時候得過川崎病，之後就留下心臟冠動脈狹窄的後遺症。年輕的時候動過好幾次手術，才回復健康，並且要照顧三個孩子與全職工作。五年前的新年，她在與全家一起滑雪時因為心肌梗塞而倒下，從此之後就再也沒有醒來。

我面臨了人生最大的悲傷。接下來大約有半年左右的時間，好幾次夢見妻子又活過來。

我在夢中與妻子重逢喜極而泣，夢醒之後又因為回到現實而哭了起來。我與三個孩子都害怕我會得「憂鬱症」而相當的不安。我很清楚身心崩潰，無法維持日常生活的「憂鬱症」有多可怕，我只要稍微出現一點憂鬱症的徵兆，就必須請精神科醫師的同事開藥。後來我雖然因為害怕睡覺而服用了安眠藥，但最後還是沒有使用到抗憂鬱藥或精神安定劑。

我親身體驗到，與重要的人交流是最佳良藥，能夠治療失去重要的人帶來的心痛。

我在孩子上托兒所的時候結交了住在附近的其他家長，他們在妻子去世後到舉行葬禮為止的那一個禮拜輪流來我家，從身心兩方面支持思考陷入停止的我。後來，托兒所的家長同伴土肥悅子女士、我學生時代的朋友小松崎涼子女士與大衛・理查森先生，以及北海道的氏家夫妻都成了我孩子的乾爹乾媽，給予我們支持。

我在托兒所的爸爸同伴高島亮先生建議下，於妻子死後第三天開始寫部落格，我把自己悲傷的軌跡寫出來，讓親近的人分擔這樣的悲傷。除了寫出來之外，也需要講出來。身為諮商師的我成為個案，接受了悲傷輔導。我藉由對能夠信賴的人充分表達出自己的情緒，好不容易保持了心靈的平衡。

除此之外，我的雙親是我最大的助力。我父母就住在隔壁，妻子在世時，兩家之間以鐵門隔開。妻子死後，我們就將鐵門打開，成為一個三代同堂的家庭。父親成為我與孩子們情緒上的支撐，母親則幫我們煮飯、洗衣，照顧我們的生活。二十多年前就嫁出去的妹妹，也從旁協助我的家庭與工作。

我的世界觀在妻子去世的這五年間產生了很大的改變。

首先，我生活的世界變小了。從前我在社會這個大框架中尋求生活的意義，擔任大學教授與醫師的社會角色，企圖透過授課、演講與媒體，讓更多人知道自己的存在。但這五年來，我開始在家人、朋友、臨床上遇到的少數患者等更親近的關係中，尋求生活的意義。我之所以會辭掉大學教授，開設精神科診所，也是基於這個理由。

此外，我開始能夠深刻感受到人們的痛苦，並且終於成為榮格所謂的「負傷的治療者（wounded healer）」。如果自己沒有傷痛的經驗，就只能透過想像與理論理解他人的傷痛。我回顧自己從前順遂的人生，對他人的痛苦的理解確實極為膚淺。

我的孩子們都順利的成長。長子今年滿二十歲了，我在孩子小時候一直夢想著可以和他一起喝酒，今年終於實現了夢想。

中學三年級的次子即將要考高中。我和妻子以及他的哥哥、姊姊都進入都立的升學高中就讀，他也希望考進這樣的學校，但他的成績卻不夠理想。即便他在下學期相當努力，平均成績還是只能進步到將近四級的分數而已。我雖然稱讚他，他卻不開心。對他來說，這似乎不能算是讓他能夠獲得自信的成功體驗。他如果沒有進入自己想進的、和哥哥姊姊同樣程度的升學高中，也能得到自信嗎？他能夠獨立並獲得幸福嗎？身為父親的我擔心不已。

我找兒子的級任老師與朋友商量，大家都對我說兒子沒有任何問題。如果有人來找我諮商，我也會對他說完全不用擔心吧！但換成是自己的孩子，就失去了判斷力。擔心孩子是否能夠獲得幸福，代表不相信孩子。這樣的擔心，是因為父母對孩子有期待而自尋煩惱罷了。

像這樣檢討了自己的價值觀之後，就能清楚發現自己如何被學力（頭腦好不好）這個單一的指標束縛住。這個世界上有各式各樣的價值觀，譬如很會踢足球（運動能力）、長得很高（身體能力）、長得帥有異性緣（美醜）、擅長彈琴或畫畫（藝術的才能）等等，這些明明都是讓孩子自我肯定的指標，但我們卻不使用，一直以來都只依靠學力判斷。學校成績這個價值絕對不是錯的，是非常重要的價值，但頂多只是多元價值當中的一個。我們因為太過強調學校成績而忽略了其他價值。

我一直以來都想成為像自己父母一樣的人。不，我小時候並沒有意識到這點，但現在回過頭來看，卻發現父母是自己的目標。我想成為實現父母價值觀的人，想要獲得父母的認可。人透過獲得賦予自己生命的雙親認可，來創造出自己這個價值。

高品質的教育對於想要創造更富足的社會、度過幸福的人生來說很重要，但學力不應該是一切。即便學校成績不好，無法回應家人的期待，人也有其他許多機會能夠獲得幸福。這明明是一個十分顯而易見的事實，但換成是自己的孩子，我就會頭腦打結了。我一直想著該如何認可次子才好，該如何讓次子得到來自父親的認可才好呢？

我的雙親、我自己、我妻子，還有長子與長女，大家都靠著學力這個資質來建立自尊心。我父親畢業於東大，母親也是當年少見的畢業於四年制知名女子大學的女性。我畢業於國立大學醫學院，長子與長女也都就讀知名的升學學校。

次子接下來將要挑戰考高中這個人生的第一個難關，如果他不具備符合家族期待的資質，他該如何獲得活下去的自信呢？他無論從自己身上還是環視整個家族，都沒有認識藉由學力以外的價值獲得自信的人。社會中雖然有很多這樣的人，他卻不把眼光擺在他們身上。次子讓我發現，我至今為止一直活在多麼狹隘的價值觀中。

現在面對次子，我竟不知道做為一個父親可以給他什麼。理性上，我知道像這樣的煩惱本身，就已是父母的過度擔心了。我必須拋開身為父親的期望，相信孩子可以透過自己的摸索創造出價值。但我在這麼想的同時，也思考著該如何建立一個能讓孩子找到價值的環境。

我希望可以給予次子無條件的認可。我想告訴他即使他不會念書、行為粗魯、個性很差，在本質上還是一個「好孩子」，是一個值得活下去的人。他或許無法上排名高的大學，或許只會讀到高中，或許無法成為正職員工，或許會成為打工族，但對我來說，無論他在人生當中遇到什麼樣的狀況，他對我的價值都沒有改變。

孩子對父母來說是無可取代的存在。這不代表父母會溺愛孩子、對孩子言聽計從上，而是父母會相信孩子內心的堅強，肯定他的努力以及他所得到的收穫。父母都希望孩子幸福，希望孩子為自己降生於這個世界感到喜悅。但我做為一個父親，沒有自信能夠保證自己一定可以做到這些。

這是我的真心話。站在旁觀者的角度看應該是極為單純的事情，然而一旦成為當事人，就會失去客觀性，被捲入不安的漩渦當中。

以上是我的家庭的故事。像這樣寫成文章，就會發現自己家裡發生了各式各樣的事情。但這沒有什麼特別的，不管是誰、無論是哪個家庭，應該都有轟轟烈烈的故事。從這些故事可以想像得到，家庭系統是在多麼精細的平衡當中維持，而家庭經驗無論在好的方面還是壞的方面，又帶給我的人生多大的影響。

我從年近三十開始學習家族療法之後，好幾次像這樣反覆回顧自己的家庭。我把自己的家庭經驗當成養分，讓我能夠面對個案的家庭。每次回顧自己的家庭時，這些經驗就帶給我新的視點。漸漸的，我三十多歲、四十多歲、五十多歲了，我的故事也隨著每一次的重新訴說而進化。

對於心靈的支援者來說，察覺自己的當事人身分相當重要。支援者身分與當事人身分是循環的。支援者也是人生有起有落的當事人，察覺隱藏在自己內心的當事人身分，才能良好的發揮支援者的作用。前來找我諮商的個案坐在當事人的座位上，整理身為當事人的體驗後，我就能發揮隱藏在內心的支援者身分，讓自己幫助自己。

這本書是我的第四本單獨著作。我明明有很多事情想寫，卻無法隨心所欲寫出來。我不善於寫作，但是很擅長說話。我在諮商或演講等與聽眾面對面的談話當中，能夠產生許多新的想法。我雖然也很會寫像部落格那種簡短、片段的文章，但將這些文章整理成書，對我來說卻很棘手，因為我一邊寫會一邊湧現新的想法，愈寫原稿的份量就會變得愈多。

寫書需要有非寫不可的強烈必然性。我原本期待喪妻的經驗會成為我寫作的強烈動機，卻沒有那麼順利。我平常會將臨床上或演講中回答的許多問題寫成零星備忘收集起來，卻無法將這些備忘整理成一本書。

我與自己的督導者商量這件事，他建議我找一位技術好的編輯來帶我。於是，我請曾經一起合作過的出版製作人齋藤弘子女士幫忙，她推了容易拖稿的我一把。

「總而言之，請拿出自信來。田村先生您有把對家人的心意表達出來。」

她的這句話提醒了我。原來我並沒有自信能寫成一本書。

說到繭居族的研究，以齋藤環先生最有名。他和我是同一個大學研究室的夥伴，我們在年輕的時候一起進行拒絕上學者的臨床研究。身為學弟的他嶄露頭角，出了幾十本書，成為這個領域的權威。我即使出書也終究還是及不上他。一想到這點，我就一直揣著原稿不放，無法將其公諸於世。

我發現這也是我想傳達給各位的事情。如果自己想要將某件事做到完美，就會把目標設定得太高，失去達成目標的自信。這麼一來就會一直揣著這件事不放。寫書也好、帶孩子也好、年輕人的獨立也好，都是同樣的道理。

與信任的他人之間的關係，是察覺這點的契機。齋藤弘子女士的「請拿出自信來」這句話，讓我轉換了心情。原來如此，我不需要與別人比較，就算這本書有六成發揮不了作用，只要剩下的四成可以幫助別人就夠了不是嗎？我有家族療法這個獨特的觀點，我利用這個觀點幫助了有繭居族的家庭，我只要把這樣的經驗原原本本寫下來就好了。視角的轉換，讓我突破了卡住的現狀。

許多人的幫助讓我完成了本書。除了前面提到的幾位之外，臨床心理學家喬伊・諾頓先生、立命館大學的加藤早惠子女士，以及PHP研究所的水久壽夫先生、白石泰稔先生、橫田紀彥先生、細矢節子女士，也給了我許多支援。

除此之外，我最感謝的是前來找我諮商的個案。他們給了我許多線索，讓我能夠深入剖析家有繭居族的家庭。我給了他們幫助，而他們也給了我身為心靈支援者的生存意義與自我價值。

最後我也想感謝從天上守護著我與家人的妻子，優子。

二〇一四年二月

田村　毅

寫於西麻布

【附錄一】

繭居與拒學相關之台灣公／民營單位資源

對於繭居與拒學現象的接觸與了解，台灣社會目前尚於起步階段，截至本書出版為止，僅「財團法人吾心文教基金會」專門從事拒學情形的關懷與支援工作；然有相關問題之民眾，仍可至各級學校輔導室、各縣市學生輔導諮商中心、各縣市家庭教育中心、社會局、衛生福利部心理及口腔健康司、醫院或身心科診所、諮商機構等單位尋求協助。

【附錄二】

延伸閱讀

- 《我不是不想上學：拒學孩子的內心世界》（2012），吳佑佑，張老師文化。
- 《宅男宅女症候群：與社交焦慮症共處》（2014），林朝誠，心靈工坊。
- 《走出社交焦慮的陰影》（2007），艾瑞克・郝蘭德、尼可拉斯・貝克勒，商周出版。
- 《焦慮與恐懼自我療癒手冊》（2010），Edmund J. Bourne，心理。
- 《再也不怯場：克服社交焦慮，接納自己》，（2003），芭芭拉・G・馬克威、葛雷格・P・馬克威，張老師文化。
- 《社交零壓力：擺脫焦慮，重塑自信》（2013），姬蓮恩・巴特勒，生智。
- 《幫助孩子克服焦慮》（2007），辛西亞・萊斯特，世茂出版。
- 《克服逆境的孩子：焦點解決諮商的家庭策略》（2006），馬修・賽利克，張老師文化。
- 《青少年與家族治療：衝突與控制的解套方案》（2004），約瑟・A・米庫契，張老師文化。
- 《米紐慶的家族治療百寶袋》（2015），夏曼・博達、薩爾瓦多・米紐慶、麥克・瑞特，張老師文化。

- 《薩提爾的家族治療模式》（1998），維琴尼亞•薩提爾，約翰•貝曼，珍•歌柏，瑪莉亞•葛茉莉，張老師文化。
- 《家族治療概觀》（2012），Herbert Goldenberg、Irene Goldenberg，雙葉書廊。
- 《家族治療概論》（2002），Michael P. Nichols、Richard C. Schwartz，洪葉文化。
- 《家族治療實務手冊》（2012），JoEllen Patterson等，洪葉文化。
- 《聯合家族治療》（2006），維琴尼亞．薩提爾，張老師文化。
- 《家族治療：理論與技術》（1999），Irene Goldenberg、Herbert Goldenberg，揚智。
- 《婚姻與家族治療：個案研究》（2002），法蘭克．達提里歐，張老師文化。
- 《家族治療的靈性療癒（上）：永不枯竭的泉源》（2011），芙若瑪．華許，張老師文化。
- 《家族治療的靈性療癒（下）：賦能、復原與希望》（2011），芙若瑪．華許，張老師文化。
- 《結構派家族治療入門》（2007），S. Minuchin，心理。
- 《行動的反思團隊：家族治療中的合作式應用》（2005），史蒂芬•傅利曼博士，張老師文化。
- 《愛與自由：家族治療大師瑪莉亞•葛莫利傳》（2004），瑪莉亞•葛莫利，張老師文化。
- 《愛的功課：治療師、病人及家屬的故事》（2003），蘇珊.麥克丹尼爾等，心靈工坊。
- 《學習家族治療》（2003），薩爾瓦多．米紐慶、李維榕，心靈工坊。
- 《沙灘上的療癒者：一個家族治療師的蛻變與轉化》（2012），吳就君，心靈工坊。

老年憂鬱症完全手冊

【給病患、家屬及助人者的實用指南】

★廖榮利、孫越、黃正平、胡海國、王浩威、陳韺推薦

本書以平實易懂的文字，為關心老年憂鬱症的讀者提供完整實用的豐富資訊。

馬克・米勒、查爾斯・雷諾三世⊙著
李淑珺⊙譯，湯華盛⊙審
王浩威⊙策劃，台灣心理治療學會⊙合作出版
SH011/288頁/定價320

酷兒的異想世界

國內第一本介紹酷兒青少年成長需求的心理專書，是父母和師長的教養手冊，也是專業助人者的實用指南。

琳達・史東・費雪、雷貝卡・哈維⊙著
張元瑾⊙譯
SH012/328頁/定價380

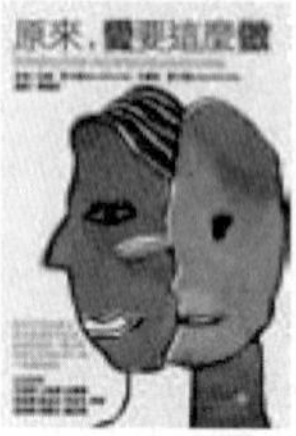

原來，愛要這麼做

本書為身陷無性婚姻深淵、吃盡苦頭的夫妻指引一條明路。書中提出一套循序漸進的做法和實用的技巧，是一本顧生理與心理兩大層面、觀點周全且深入淺出的「性愛大全」。

巴瑞・麥卡錫、艾蜜莉・麥卡錫⊙著
廖婉如⊙譯　SH013/288頁/定價320

是躁鬱，不是叛逆

由美國躁鬱症權威醫師、心理治療師聯手寫作，閱讀本書可了解青春期躁鬱症的種類、症狀、了解如何在藥物和心理治療間找到平衡，以及認識發病的早期跡象、尋求和學校有效合作的可能。

大衛・米克羅威茲、伊利莎白・喬治⊙著
丁凡⊙譯　SH014/352頁/定價380

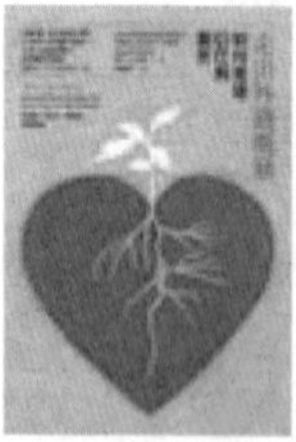

走出外遇風暴

【如何重建信任與親密】

★外遇療癒終極聖經

外遇似乎是愛情的絕症。但其實，危機也可以是轉機，外遇是伴侶重新鞏固感情的絕佳機會。

珍妮絲・亞伯拉罕・史普林、麥可・史普林⊙著
林婉華⊙譯　SH015/336頁/定價350

哭泣的小王子

【給童年遭遇性侵男性的療癒指南】

本書關注曾經遭遇亂倫或性侵的男性受者，探討性虐待所造成的影響，了解成年男性倖存者的痛苦、需求、恐懼和希望，以及尋找從中復原的方法。

麥可・陸⊙著，陳郁夫、鄭文郁等⊙譯
洪素珍、林妙容⊙審閱　SH016/384頁/定價400

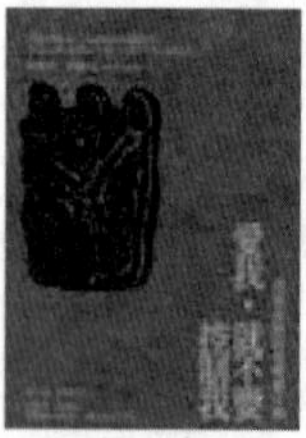

愛我，就不要控制我

【共依存症自我療癒手冊】

梅樂蒂・碧媞，可說是自我成長類書籍的教主。25年前，她讓全世界認識了「共依存」這個詞，今天，她以本書澄清人們對於共依存症的誤解，也發現了共依存行為如何轉變，為新世代提供了通往身心健康的指引。

梅樂蒂・碧媞⊙著
蘇子堯、許妍飛⊙譯　SH017/288頁/定價320

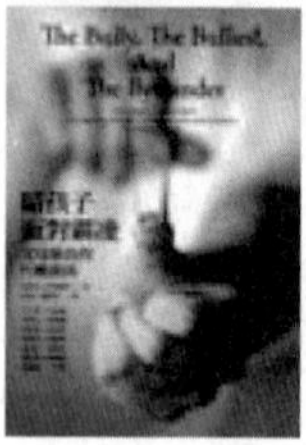

陪孩子面對霸凌

【父母師長的行動指南】

面對霸凌，我們不必過度恐慌。因為，霸凌是學來的行為，它同樣可透過學習而修正、改變。霸凌包含了三種角色：小霸王、出氣筒、旁觀者。本書更追本溯源，探討家庭環境對孩子性格的影響，以及學校該如何輔導處置。

芭芭拉・科婁羅索⊙著
魯宓、廖婉如⊙譯　SH018/264頁/定價280

教我如何原諒你？

全書以豐富的個案故事，涵蓋親子、師生和夫妻之間的背叛傷痕；擺脫陳腔濫調，在原諒和不原諒之間，呈現動態的連續光譜。充滿力量的嶄新觀點，讓受苦雙方跳出漩渦，踏上真誠和解之路！

珍妮絲・亞伯拉罕・史普林、麥可・史普林⊙著
許琳英⊙譯　SH019/336頁/定價360

精神分裂症完全手冊

【給病患、家屬及助人者的實用指南】

了解精神分裂症，可以減少迷思，將疾病從邪惡邊緣拉回到理性的範疇。

福樂・托利⊙著，丁凡⊙譯
謝明憲、許藝瀚⊙審閱　SH020/512頁/定價580

不要讓床冷掉

【如何成為一位性教練】

性教練（sex coaching）是近年歐美新興的諮商療法，以性學與心理學為基礎，運用創意且有效的專業方法，幫助案主解決性方面的困擾。

佩蒂・布利登⊙著
林蕙瑛⊙譯　SH021/384頁/定價450

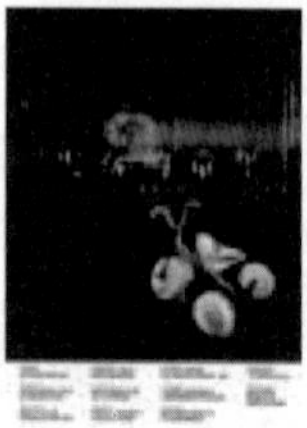

失落的童年

【性侵害加害者相關的精神分析觀點】

世人在他們身上看見的黑暗、暴力與扭曲，其實，就是他們童年所面對的世界。他們很可能在生命的早期，也曾經是暴力的受害者。

約翰・伍茲⊙著，魏宏晉等⊙譯
王浩威、洪素珍、樊雪梅⊙審閱
SH022/304頁/定價380

Story 心靈小說系列

蘇格拉底的旅程

★文化部104年中小學生優良課外讀物
★王小棣、王文華、王浩威、朱全斌、侯俊明、袁瓊瓊、韓良憶、韓良露推薦

神祕智者蘇格拉底，真有其人嗎？為何擁有超人般的心靈能力？故事要從1872年俄國說起，說明賽傑如何蛻變成蘇格拉底，更是鍛造智者心靈的偉大旅程。

丹・米爾曼⊙著　ST014 / 336頁 / 定價380

一日浮生

【十個探問生命意義的故事】

★特別推薦：王浩威、曹中瑋、陳登義、張達人、謝哲青、蘇偉貞
★媒體推介：中時開卷、魅麗雜誌、雙河灣、新識力

「我們全都是一日浮生」。在亞隆諮商室中，每種生命歷程的幽微意義未被死蔭所遮蔽，反而在死亡詰問下更顯立體。如今他也步入遲暮之年，體會更加深刻。

歐文・亞隆⊙著　ST015 / 304頁 / 定價380

割腕的誘惑

【停止自我傷害】

★行政院衛生署國民健康局「2004健康好書」心理健康類首獎！
★洪素珍、李開敏、黃心怡推薦

以深入淺出的專業觀點，協助個案展開「重建」與「療癒」的歷程。

史蒂芬・雷文克隆⊙著，李俊毅⊙譯
王浩威⊙策劃審閱　SH005/288頁 / 定價300

我的孩子得了憂鬱症

【給父母、師長的實用指南】

父母和師長更藉本書了解青少年憂鬱症，協助孩子進行治療，帶著信心陪同孩子邁向快樂健康成人的道路。

法藍西斯・孟迪爾⊙著，陳信昭、林維君⊙譯
王浩威⊙策劃　SH006/368頁 / 定價360

我和我的四個影子

【邊緣性病例的診斷與治療】

邊緣人格的傾向，其實觸及人性宿命的弱點，諸如害怕寂寞、內心茫然空虛、以及極端的情緒，每個人都曾有過；它乍看很神秘，但透過它，可讓我們對人類的深層心理有更深刻的體會。

平井孝男⊙著，廣梅芳⊙譯
顏薇玲⊙策劃　SH007/320頁 / 定價350

愛你，想你，恨你

【走進邊緣人格的世界】

★張玨、許文耀 聯合推薦

第一本以通俗語言介紹邊緣人格的專書，具有不容忽視的重要位置，不只可作為專業人士參考，更可為患者、家屬、社會大眾打開一扇理解之窗，減輕相處過程中的挫折與艱辛。

傑洛・柯雷斯曼、郝爾・史卓斯⊙著
邱約文⊙譯，王浩威⊙審閱、導讀
SH008/272頁 / 定價300

SelfHelp 自助助人系列

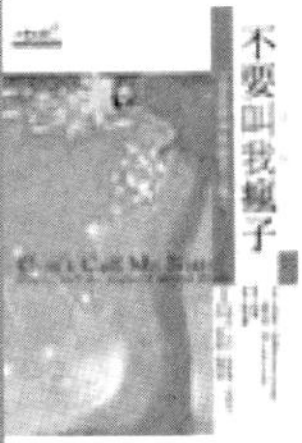

不要叫我瘋子

【還給精神障礙者人權】

★文榮光、王行、李明濱、沈楚文、金林、胡海國、陳珠璋聯合推薦

本書是為精神障礙患者和家屬的權益而寫，是國內第一本為精神疾病患者及家屬高呼不平、伸張人權的自助書。

派屈克・柯瑞根、羅伯特・朗丁⊙著
張葦⊙譯　SH001/368頁 / 定價380

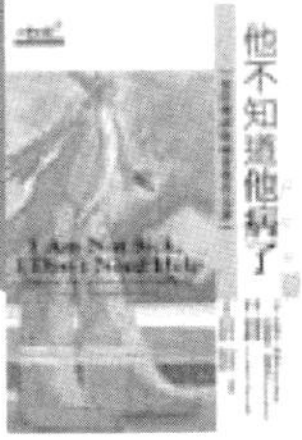

他不知道他病了

【協助精神障礙者接受治療】

★文榮光、沈楚文、金林、胡海國、陳珠璋聯合推薦

為「缺乏病識感」患者的家屬及專業醫護人員所寫的實用自助書，清晰易懂，在文字之間充滿細心的感情。

哈維亞・阿瑪多、安娜麗莎・強那森⊙著
魏嘉瑩⊙譯 S　H002/232頁 / 定價250

愛，上了癮

【撫平因愛受傷的心靈】

書中提供許多自我檢核表，並介紹十個具體實用的步驟，幫助讀者了解愛情的真諦，在平衡的親密關係中品嚐真正的幸福。

伊東明博士⊙著，廣梅芳⊙譯，王浩威⊙策劃
顏薇玲⊙審閱　SH003/320頁 / 定價280

孩子，別怕

【關心目睹家暴兒童】

這本書是為了所有關心幼童的人而寫。不論政府部門或是相關輔導人員，都可以將這本書當作入門參考書，以減少盲目的摸索，迅速領會到幫助受害兒童的竅門。

貝慈・葛羅思⊙著，劉小菁⊙譯
洪素珍⊙審閱　SH004/200頁 / 定價240

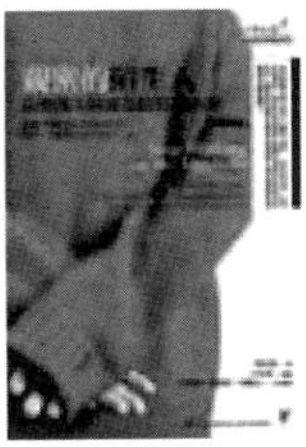

親密的陌生人

【給邊緣人格親友的實用指南】

★蔡榮裕、張凱理、周勵志 聯合推薦

專為邊緣人格親友所寫的實用指南。書中提出明確的策略和實際的做法，教導邊緣人格親友如何有效面對、處理邊緣人格者的種種異常行為，並照顧好自己。

保羅・梅森、蘭蒂・克雷格⊙著，韓良憶⊙譯
王浩威⊙審閱　SH009/328頁 / 定價350

躁鬱症完全手冊

★行政院衛生署國民健康局「2007健康好書・閱讀健康」心理健康類推介獎
★《今日心理學》雜誌好評推介、破報新書介紹

帶你理解躁鬱症的成因、癥狀與醫療方式，及躁鬱症對兒童及青少年的影響⋯

福樂・托利、麥可・克內柏⊙著，丁凡⊙譯
湯華盛⊙審閱　SH010/448頁 / 定價500

心靈工坊 PsyGarden
SelfHelp 026

搶救繭居族：家族治療實務解說

ひきこもり脱出支援マニュアル—家族で取り組める実例と解說

田村毅 著

林詠純、徐欣怡、曾育勤、黃瓊仙 合譯

出版者—心靈工坊文化事業股份有限公司
發行人—王浩威
總編輯—徐嘉俊 特約編輯—黃怡
執行編輯—黃福惠 內頁設計排版—董子琛
通訊地址—10684台北市大安區信義路四段53巷8號2樓
郵政劃撥—19546215 戶名—心靈工坊文化事業股份有限公司
電話—02）2702-9186 傳真—02）2702-9286
Email—service@psygarden.com.tw
網址—www.psygarden.com.tw
製版・印刷—中茂分色製版印刷事業股份有限公司
總經銷—大和書報圖書股份有限公司
電話—02）8990-2588 傳真—02）2290-1658
通訊地址—242新北市五工五路二號
初版一刷—2015年10月 初版三刷—2022年1月
ISBN— 978-986-357-038-7 定價—380元

國家圖書館出版品預行編目資料

搶救繭居族：家族治療實務解說 / 田村毅著；黃瓊仙等合譯．
-- 初版．– 臺北市 ：心靈工坊文化，2015.10 面；公分．--
ISBN—978-986-357-038-7（平裝）
1. 家族治療
178.8 104017085

心靈工坊 PsyGarden 書香家族 讀友卡

感謝您購買心靈工坊的叢書，爲了加強對您的服務，請您詳填本卡，
直接投入郵筒（免貼郵票）或傳眞，我們會珍視您的意見，
並提供您最新的活動訊息，共同以書會友，追求身心靈的創意與成長。

書系編號—SH026　書名—搶救繭居族：家族治療實務解說

姓名　　　是否已加入書香家族？□是　□現在加入

電話 (O)　　(H)　　手機

E-mail　　生日　　年　　月　　日

地址 □□□

服務機構　　職稱

您的性別—□1.女　□2.男　□3.其他

婚姻狀況—□1.未婚　□2.已婚　□3.離婚　□4.不婚　□5.同志　□6.喪偶　□7.分居

請問您如何得知這本書？
□1.書店　□2.報章雜誌　□3.廣播電視　□4.親友推介　□5.心靈工坊書訊
□6.廣告DM　□7.心靈工坊網站　□8.其他網路媒體　□9.其他

您購買本書的方式？
□1.書店　□2.劃撥郵購　□3.團體訂購　□4.網路訂購　□5.其他

您對本書的意見？
□ 封面設計　1.須再改進　2.尚可　3.滿意　4.非常滿意
□ 版面編排　1.須再改進　2.尚可　3.滿意　4.非常滿意
□ 內容　1.須再改進　2.尚可　3.滿意　4.非常滿意
□ 文筆／翻譯　1.須再改進　2.尚可　3.滿意　4.非常滿意
□ 價格　1.須再改進　2.尚可　3.滿意　4.非常滿意

您對我們有何建議？

本人同意＿＿＿＿＿＿＿＿（請簽名）提供(真實姓名/E-mail/地址/電話等資料)，以作為心靈工坊(聯絡/寄貨/加入會員/行銷/會員折扣等)之用，詳細內容請參閱 http://shop.psygarden.com.tw/member_register.asp。

廣 告 回 信
台北郵政登記證
台北廣字第1143號
免 貼 郵 票

心靈工坊 PsyGarden

10684台北市信義路四段53巷8號2樓
讀者服務組 收

免 貼 郵 票

(對折線)

加入心靈工坊書香家族會員
共享知識的盛宴，成長的喜悅

請寄回這張回函卡（免貼郵票），
您就成爲心靈工坊的書香家族會員，您將可以——

⊙隨時收到新書出版和活動訊息

⊙獲得各項回饋和優惠方案